考古学人访谈录

IV

王巍　主编

乔玉　执行主编

上海古籍出版社

图书在版编目(CIP)数据

求索：考古学人访谈录.Ⅳ／王巍主编,乔玉执行主编.
—上海：上海古籍出版社，2020.5
ISBN 978-7-5325-9550-1

Ⅰ.①考⋯ Ⅱ.①王⋯ Ⅲ.①考古学家—访问记—中国 Ⅳ.①K825.81

中国版本图书馆 CIP 数据核字(2020)第 055904 号

求索：考古学人访谈录Ⅳ

王　巍　主编

乔　玉　执行主编

上海古籍出版社出版发行

(上海瑞金二路 272 号　邮政编码 200020)

(1) 网址：www.guji.com.cn
(2) E-mail：guji1@guji.com.cn
(3) 易文网网址：www.ewen.co

启东市人民印刷有限公司印刷

开本 890×1240　1/32　印张 8.25　插页 2　字数 192,000
2020 年 5 月第 1 版　2020 年 5 月第 1 次印刷
ISBN 978-7-5325-9550-1

K·2816　定价：52.00 元

如有质量问题,请与承印公司联系

目　　录

丛德新

在遗址上

简 介

丛德新,1963年4月出生于吉林省吉林市。1981年毕业于吉林化学工业公司第七中学,同年考入吉林大学历史系考古专业,1985年毕业,获得历史学学士学位。1985年至今,就职于中国社会科学院考古研究所,现为研究员。

入职后,先后在汉唐考古研究室、史前考古研究室、边疆民族考古研究室工作,参加了考古研究所在内蒙古、河北、山东、湖北、四川、重庆以及新疆等地的田野考古工作。1999年任考古研究所科研处副处长;2003年调任边疆民族与宗教考古研究室副主任;2008年,任考古研究所科研处处长;2017年至今,任边疆研究室主任。

个人研究领域主要以新疆地区史前考古学文化为主,也涉及历史时期考古。撰写了20余篇学术论文及发掘报告,其中《消失的古城——楼兰王国之谜》一书获得1999年中国社会科学院第三届青年优秀成果二等奖。

自2010年开始,担任考古研究所创新工程项目——"新疆博尔塔拉河流域青铜文化的发现与研究"项目主持人,主持开展该流域的考古学、民族学调查与发掘工作。项目重点是对温泉县阿敦乔鲁遗址与墓地展开考古发掘与研究工作,获得了中国社会科学院考古学论坛·2012年中国考古新发现、2012年度全国十大考古新发现以及2013年度中国社会科学院创新工程优秀成果等多项奖励。

目前主要研究的课题是中国新疆西天山地区青铜时代考古学文化及生业。

沐雨栉风无难色，
纵马天山有雄心

——丛德新先生访谈录

采访者：夏立栋

夏立栋：丛老师，您好！首先感谢您能于百忙之中接受中国考古网的采访。我们知道您长期关注新疆地区青铜时代的考古学文化，并围绕天山地带进行了系统的考古调查、发掘与研究，您认为新疆天山地带青铜时代考古遗存有何特点？

丛德新：首先谢谢你们对我的采访！从 1986 年开始我就到新疆参加考古工作，当时的工作主要局限在南疆，关注青铜时代和早期铁器时代之间的遗存。后来在 90 年代初，我们沿着天山从东到西进行过系统的考古调查，曾到过天山西部的伊犁地区。

新疆青铜时代文化是学界长期讨论的话题，虽然大家所用的具体定名、划分标准还存在差异，但是总体所指的时段就是从公元前 2000 年到公元前四五世纪。其中，公元前 2000 年到公元前 1000 年是一个最为重要的时期，之后又延续了很长一段时间，甚至有四五百年之久，这个下限介于青铜时代和早期铁器时代之间，现在习称青铜时代。新疆地区青铜时代的考古工作，如果算上外国探险家的活动，已经开始了很长时间。就目前而言，我们所习称的青铜时代以前的

岩画调查

遗存,在北疆和南疆地区都有一些断断续续的零星考古发现,实际上主要是一种以细石器和打制石器为代表的遗存,各地区不成系统且在分布上极不平衡。目前发现的新疆汉代以前的遗存主要在公元前2000年到公元前四五世纪之间的阶段,大部分是我们所言的青铜时代的遗存(迹)。

新疆天山地带的青铜时代考古遗存,从时间上看,上限为公元前2000年或更早,下限甚至到公元前四五世纪。从地域上看,从东天山到西天山存在不同的时间和地域差别。比如说东疆地区哈密、吐鲁番的彩陶和青铜小件、青铜工具等共出。天山中部乌鲁木齐一带和天山中部的沟谷地带所发现的一些遗存呈现一种渐变的特征,彩陶依然存在,但同时也出现了一些新的因素(其他类型的陶器)。西部天山地区虽然不能简单地以陶器划分,但可以较为清晰地看出存在不同阶段的差别,晚段依然有彩陶类遗存,偏早一些的与更西部、更北部的中亚草原地区,乃至米努辛斯克盆地存在更密切的联系,比如说切木尔切克文化的年代甚至有可能会突破公元前2000年;同时,还发现有类似安德罗诺沃文化的遗存,它的内涵甚至可分为早期和晚期等不同阶段。我们工作的博尔塔拉河流域就发现有公元前19到公元前17世纪的遗存。

另外,在北疆地区分布有许多草原地带,遗存埋藏的地表形态、墓葬形态和我们在东疆、南疆地区看到的情况有所差别。如果工作再进一步细化,资料积累进一步丰富的话,我们可以在大的区域中再细化出许多不同的小的区域。

夏立栋: 您自2011年至今一直主持新疆温泉县阿敦乔鲁遗址与墓地的发掘,取得了令学界瞩目的丰硕成果。您能介绍一下当初以该遗址作为发掘对象的考虑吗?

丛德新: 这个与考古研究所整体的学术发展思路有关。在2010

年之前考古研究所就有中国考古工作向周邻地区发展、"中国考古学走出去"的思考,那么在西北等边疆地区寻找几个比较好的学术支撑点就非常迫切而重要。即我们自己首先要对中国边疆地区的考古学文化面貌有比较深入、全面的认识,有一个或多个强有力的支撑点,这样我们跨出国门进行考古学发掘和研究的时候才能事半功倍。2010年以前,新疆队的同志已经在北疆地区进行了许多考古调查。2010年,王巍所长、李裕群研究员、巫新华研究员和我在博尔塔拉州文博单位同志的陪同下,对博尔塔拉河流域进行了短期考察,先后考察了博乐、精河、温泉等地的遗址、墓葬以及石人等主要考古遗存。在温泉阿敦乔鲁遗址考察时,大家对遗址完整的保存状态都深感震惊;保存完整的石板墓地表的石板排列和构筑形式与新疆其他地区的墓葬形式非常不同,在其他地区极为少见。虽然之前我们也了解到在蒙古和南西伯利亚地区也存在石板墓遗存,但都是很抽象的东西,当我们实地见到这些墓葬时,自然非常惊喜。之后,我们又到墓地以北的遗址去考察大型石板构筑的单体建筑,遗址分布于山丘的南面坡上,保存状态极好。所以王巍所长当时就决定考古研究所就在阿敦乔鲁遗址和墓地进行田野工作,可以说这和我们之前要寻找"中国考古学走出去"的支撑点的想法非常吻合。

之后,自2011年起,我们就在阿敦乔鲁遗址开始了考古测量、发掘工作。工作开始后,张忠培先生提示我们前苏联学者在米努辛斯克盆地、美国和西方学者在中亚(哈萨克斯坦)等地也做了一些相关工作,要注意他们的成果,后来我们也收集了一些他们工作的内容。在之后的发掘过程中,我们更加认识到这是一处之前学界关注不够而又极为重要的宝地。从2011年至今我们连续数年的工作收获来看,当时选择阿敦乔鲁作为发掘切入点是非常正确的决断。

张忠培先生考察遗址

夏立栋：您能简要介绍一下主要发掘思路、收获及得出的一些新认识吗？

丛德新：在发掘工作思路方面，我们当时就考虑遗址和墓地的发掘需要同时进行、通盘考虑。我们首先需要明确墓葬的内涵、时代，也想通过发掘判定北面遗址的性质。其次，我们需要确定分布于南北两地的墓地和遗址之间是否存在联系，就是所谓的共时性。如果它们是同一时期的遗存，那么，这在新疆是很少见的。以往我们在新疆地区的发掘工作主要以墓葬为主，遗址本身发现就很少，而发现或确认的相互联系的遗址和墓葬就更少了，且很少对相互联属的墓葬和遗址进行完全揭露和研究，所以如果它们两者内部存在有机联系，其学术上的重要意义是不言而喻的。我们在发掘过程中着重关注墓葬（或遗址）的营建程序、墓葬之间的早晚关系，力图通过地层和遗物等证明遗址和墓葬是否存在共时性的联系。发掘之前，我们利用 RTK 测量将整个大的区域划分出 10 米×10 米的虚拟探方，让所有的墓葬和遗址都落入虚拟探方中，这样就把从南到北的区域构建成一个大的发掘区域框架，并附属了 GPS 数据点，然后再开始发掘。

墓葬的发掘一开始并不顺利。我们最早对 SM9 按照四个象限进行发掘，按地层逐层揭露，既要保证一个区域的发掘进度略快，又要保证其他三个区域的进度不会太慢，这样可以通过观察进展略快区域的地层情况来指导其他三个区域的发掘，而且这样也利于考古平面图全景的拍照展示。我们从这一座墓葬中清理出来的堆土和填石将近 100 立方米。SM9 内部结构特别复杂，包括石板、石筑围墙、墓穴、石棺等遗迹。很遗憾这座墓后来被证实属于迁出葬的情况，石棺内的木笼可能也被严重扰乱，人骨只余几块小的脚趾骨和椎骨。石棺本身也不完整，只余一块盖板，其他石板都被扔到墓

RTK 测量

室外面,表明这座墓葬在很早期就被严重扰动了。只在石棺顶部发现一具完整的儿童尸骸,推测应为迁墓之后回填过程中的殉葬礼仪。

通过之后的几年工作,我们可以明确石板墓的营建过程、石板与竖穴的关系、相邻墓葬的联系等。阿敦乔鲁已发掘的石板墓都是东西向的,完整的人骨侧身屈肢,头东脚西,没有例外。同时,我们逐渐确定了这个墓地的墓葬可以区分出不同的时间段,有早有晚,墓地从北向南发展,北部墓葬时代较早,南部墓葬时代较晚。北部墓葬平面形制多为正方形,石板既高且大,墓葬(竖穴)深度很深,石棺头挡与其他三面的石板表面平直;南部单体墓葬相对较少,多为两到三座石板墓相连,石板体量变小,墓室深度明显变浅,后来石棺的盖石几乎和墓葬封土平齐。

葬式多为侧身屈肢葬,并以一个小型平底鼓腹敞口的陶罐随葬,有学者称之为"安式罐"。陶器皆为夹砂陶,呈灰褐色,部分从口部至上半部戳印倒三角纹饰,这也与以往所习见的安式罐纹饰存在较多的联系。

2014年发现的M36展示了一种新的墓葬形制——地表上呈南北成排的石围墓,也可以暂时称之为"排墓"。处于中间位置的石围呈方形,四边形制规整,以其为中心向南或向北纵向分布有竖穴土坑石板墓,整个石围群呈南北向直线分布。这组墓葬有早晚区别,从营建的顺序看,中心的M36时代最早,北侧距其越近的墓葬时代越早,距其越远的墓葬时代越晚。我们推测阿敦乔鲁整个墓地有可能被划分为许多不同的小型家族墓地,这种墓葬排列布局形式对于认识阿敦乔鲁当时的社会组织结构极为重要。同时,墓葬中也出土了较为丰富的随葬品。

会面

除墓葬外,我们也对北部的遗址进行了重点发掘。编号为 F1 的单体石构建筑坐落于山丘南坡,平面呈凸字形,门道朝南,基本上呈坐北朝南的态势。F1 内用石围分隔出四个相对独立的功能区域,西北部是一处长方形区域,在这个区域的西、北、东三面都发现了相对平整的石条砌筑的墙体,最高处保存了 90 余厘米。而整个 F1 南北长 22 米,东西宽 16—18 米。从现场分析,整个建筑区域跨度太大,想要形成统一的屋顶不大可能,因此,我们认为在西北角这个比较封闭的范围内,可能有独立的屋顶结构。在 F1 西南角的部分灰土中发现了 4 粒黍的颗粒,说明 F1 至少有一部分是人们日常生活所使用的。

发掘之前 F1 地表布满石块,我们首先对每块石头进行编号,通过正投影照片,利用计算机软件绘制了平面实测图。发掘过程中,我们通过分析各个部分之间的关系,对石块的区域进行区分。在门道右侧有一处平面呈圆形的石堆,属于后来的堆积,其年代要晚于房址的形成年代。之后,我们又在 F1 的西北部开了一条解剖沟,进一步证明整个房址可以分为两个大的时段,而地表散乱的石块是后来形成的。圆形石堆实际上是一处小型石堆墓,使用石块摆在当时的地表上,墓葬中心为盖板石,后来我们又确定并清理了两座同类小型墓葬。有意思的是,这些墓葬内的骨骼皆为儿童,墓葬方向为西北—东南向,似乎意味着这些墓葬和南部墓葬区的石板墓在年代上很接近。另外,这些儿童墓只分布于 F1 石围的范围之内,石围以外目前没有发现其他同类墓葬,因此,我们推测这些儿童墓和阿敦乔鲁遗址存在很密切的关系,可能是在房屋废弃后不久的时间内形成的。即在大型房屋(以 F1 为代表)废弃后,人们可能还保存着对它的记忆,他们将小孩埋葬在已经废弃的房屋中,表明以 F1 为代表的大型房屋可能

阿敦乔鲁房址平面图

并不是简单的居住地,而是一处可能与祭祀等礼仪活动有关的具有复杂功能的重要遗存。

生活在阿敦乔鲁时代的人群具有自己稳定、成熟的社会组织形态,具有自己的信仰及礼仪活动,可以说其社会形态具有相当高的文明发展水平。

2014年我们还在墓葬的填土中发现了一件三面亚腰的石斧,这种石斧在阿敦乔鲁遗址中很常见,但之前从未在墓葬区中发现过。这一发现,显示两者之间存在紧密联系,为我们共时性的判断提供了新的材料。

夏立栋: 您和您带领的团队近来又在整个博尔塔拉河流域进行了广泛的考古调查,这是出于什么样的考虑?这对于认识西天山地带的考古学文化面貌与性质有哪些方面的作用?

丛德新: 博尔塔拉河流域地处天山西部一处比较封闭的河谷内,流域内遗存分布密集。之前新疆的同行们在该流域也进行过一些考古调查活动。我们的调查立足于聚落考古的理念,通过地理信息系统的平台,将重要的遗址点全部标注在 GPS 形成的图纸上,体现出每一处遗址点的位置、高程和分布特征,由这张图我们可以通过各种分析软件进行许多方面的深入研究。从 2012 年起,伴随着考古发掘,我们开始了整个流域的考古调查工作。通过调查我们在其他地点也发现了和阿敦乔鲁非常接近的遗址、墓葬、遗址和墓葬的组合类型等。比如博尔塔拉河南岸的乌苏特别珍遗址就具备这样的组合形式;我的同事还在米尔其克草原小胡斯塔北面的山顶上找到了以往所不了解的、具有军事哨所性质的遗址(黑山头遗址),遗址的形态基本与阿敦乔鲁相同。它的日常生活功能不会很强,但站在这处遗址上,人们的视域范围非常广阔,可以俯视整个米尔其克草原,它与对面的小胡斯塔遗址(山顶遗址)遥相呼应,有明显的警戒、瞭望的作用,具有军事哨所的性质。这处遗址的发现促使我们开始从视域的角度来分析和研究遗址分布地点与地形之间的相互联系。另外,博尔塔拉河流域整个河谷地带狭长的特点,很利于我们进行建立在地理信息系统之上的系统调查。通过调查、测绘,我们对遗址、墓葬的分布规律有了更为清晰的认识。

夏立栋: 据我们所知,阿敦乔鲁遗址在发掘和研究的过程中采用了许多新的科技手段,进而得出了许多重要的新认识,您能简要介绍一下吗?

丛德新: 阿敦乔鲁遗址的考古工作之始,正是考古研究所实施创新工程之际,在经费和人员备置上充分体现了可替代需求。我们考古研究所近年来一直在强调各种科学技术手段在遗址调查、发掘、研究、保护整个过程中的实时跟进与运用,所以在发掘过程中我们也使用了这些科技手段。

首先是 RTK、全站仪的使用使我们的发掘和测量工作效率大为提高。

还有正投影的高空摄影,因为阿敦乔鲁周围都是草原地带,没有其他物理性干扰物的影响,所以效果很好。我们通过在发掘初、发掘中、发掘后和不同季节的高空影像,获取了大量重要的资料和信息。这种手段对我们的影响已经不仅仅停留在发掘技术层面,而是潜移默化地影响到我们的发掘和研究思想,让我们开始更宏大、更深入地考察整个遗址。

其次,阿敦乔鲁遗址出土的动植物遗存非常丰富。通过浮选手段和植物淀粉粒分析,我们发现了大麦、黍乃至中药肉苁蓉的颗粒,这些都是极为难得的新发现。

还有就是我们通过采用古 DNA 的研究手段,取得了许多重要成果。比如对人种的细化判定,通过古DNA数据提取分析,明确了阿敦乔鲁出土人骨的人种属与欧洲中心区域的西欧人,尤其是现在的德国人DNA非常接近,并由此制作出DNA树状图。当年韩康信先生已经对新疆的人骨材料进行了分析研究,将这批人骨材料分为几组,早期的与北边的米努辛斯克盆地的人种接近,他称之为古欧罗巴人。DNA的结果将人种范围缩小得更为精准。不仅仅对人骨,我们也对发现的马骨进行DNA检测,现在马的数据还不是很多,但这方面的研究对于家马的研究一定有帮助。我们现在只知道安阳殷墟发现了最早的驯化家马,但安阳殷墟之前家马的驯化情况我们并不是很清楚。阿敦乔鲁在时代上最早到公元前19世纪,较殷墟早很多,阿敦乔鲁马骨的分析,对于判定中国家马的起源时间大有帮助,对于认识其与黄河流域家马的关系也很有作用。

我们还对人骨周围的土壤进行采集,从古病理学方面展开研究。我们请兰州大学环境系的陈安邦教授采集了一些样品,包括人骨和有机物,他得出的结论是阿敦乔鲁人群当时的食物资源相对来说比较丰富,肉食资源比较多,两个样品(SM36-6、SM36-7)表现出明显的C_4信号,结合F1门道西南侧烧灰中的发现,黍很有可能已经成为他们的食物。再结合美国学者在哈萨克斯坦进行的考古工作,黄河流域粟、黍的种植、生产传统已经影响到天山西部(阿敦乔鲁),当时食肉和食粟的两种不同传统在此汇聚、碰撞,并可能已经相互了解,体现出东西文化传统的交流。

总之,高科技手段的介入使得我们的遗存信息提取量成倍增长。我们在以后的考古工作中要坚持各种科技手段的应用,这一定能够很有效地推进我们的考古研究走向深入。同时,科技考古还要走与田野考古尽早、尽长时间的合作之路,从一个遗址开始的调查、发掘到最后的各项后期研究工作，全面介入、合作，这样我们必将会获取更多的有效信息来推进研究。

夏立栋：边疆考古是中国考古学近年来蓬勃发展的一个研究领域，新疆地区作为一个各种文化汇集、交融的特殊地带，考古遗存类型复杂、内涵丰富、埋藏环境特殊，这些与中原内地的考古遗存存在较大差异。发掘本身即是研究的过程，您认为新疆地区考古遗存的发掘在方法论方面还应该注意哪些问题？

丛德新：边疆考古只是区域上的不同而已，边疆只是现代中国的边疆，它实际上是一个区域的考古，和我们所习见的考古工作不应该有太明显的区分。现在我们也逐渐不再过多地使用边疆民族考古这个提法，更多地以地区来说明，就是中国边疆地区的考古。在方法论上，边疆地区的考古除了考虑刚才你提到的如边疆地区的特殊性以外，还应该从考古学一般意义上入手，建立基本的年代、分区框架。以新疆地区的考古工作为例，它的时空框架划分实际上还比较粗糙。新疆地区的青铜时代时间跨度很长，在这个一千五六百年的长时段中是否还应该划分出不同的小时段，每一时段中是否还能够划分出不同的区域，这些区域的范围在历史的演进中是否又会发生变化，这些问题都值得进行进一步的细化研究。新疆地区相对于黄河流域来说，材料较少，但现在大家都已经按照各个区域来认识整个新疆的考古学文化，比如说李水城、水涛、韩建业等学者。所以新疆地区的考古实际可以再进一步划分为不同区域的考古。

从大的时段来看，新疆地区的青铜时代和汉代以后的考古有着很大的不同，但最基本的还是应该做好基础性的年代划分和同一时期中不同的小区域的划分工作。这些是开展文化交流等深入研究的基础，不容忽视。

夏立栋： 您长期在科研处工作,能谈谈在科研管理过程中,目前普遍实行的课题制对学科发展的影响吗?

从德新： 课题制从提出到现在已经经历了很长时间,虽然它的资助形式、申请形式在实施过程中因人而异出现了一些问题,但其通过资助进行科研的形式,促使之前学者自由式的学术研究发生转变,强化了研究者的科研意识;同时,资助力度更大、频率更高,在一定程度上确实促进了科研向前发展,促成了科研成果的形成与转换。这种形式的影响是潜移默化的,在很长一段时间内确实产生了比较显著的效果。现在资助的形式开始多元化,课题制逐渐转变为促进科研发展的方式之一,不同于之前是促进科研发展的主要方式。

夏立栋： 中央电视台《探索·发现》栏目对阿敦乔鲁遗址与墓地以纪录片的形式进行了报道,产生了极大的反响。您能结合阿敦乔鲁的成功经验,谈谈公共考古对学科发展的作用吗?

从德新： 央视十频道的《探索·发现》栏目在 2014 年首次对全国七个不同地域和时间段的遗址进行了系列报道,新疆温泉阿敦乔鲁有幸成为其中之一。纪录片的播出确实得到了很高的收视率,足见社会公众对考古学有着很强烈的兴趣。这次报道也是我们开展公共考古的一次有益尝试,我们想要将我们的考古学成果传播和回馈给社会,再对社会公众产生影响。这些工作的开展当然和考古所自身的努力密切相关。

首先,公共考古最直接的作用就是让社会中从事考古工作以外的各行各业的公众对考古学产生一个最基本的认识,让他们看到我们考古学者主要从事什么活动,当然也使他们看到考古除了发现的趣味外,还有其他的内涵。电视媒体的介入促使考古的知名度大幅提升,也开始让更多的人关注我们的考古工作。

其次,通过媒体的宣传,让考古学逐渐渗入社会的各个层面。公众开始愿意和考古学者交流自己对遗存、对考古的认识,扩大了考古学的群众基础,最终使考古学在社会不同层面的影响力得以扩大。

同时,我们的考古工作经常需要得到地方领导的支持和帮助,但是他们时间很有限,也不见得会非常理解我们的工作。媒体的宣传经常会对地方领导有很大的触动,客观上让他们增加了对考古工作的了解。公共考古实际上会产生短期效应和长期影响,或许短期内许多人并不会因为公共考古的宣传就热衷于考古,但这种宣传一定会深刻地影响到受众的潜意识和思想意识,实际上是一种对新知识的灌输,长期以后,一定会提高整个社会和民族对中国历史的认知程度和社会的文明程度。

公共考古还会促使人们认识自己世代生活之地域的乡土历史,并进而逐渐影响到人们的许多价值判断。就如同了解一个人才会爱上这个人一样,对乡土历史的了解,会促进社会的和谐和进步,这个方面也是考古学对当代中国社会所作出的重要贡献。

夏立栋:谢谢您接受中国考古网的采访,祝您的工作再添佳绩!

丛德新:谢谢!

(原文于2014年12月16日发表于中国考古网,经作者修订。)

高大伦

米仓道考察（2012 年）

简　介

　　高大伦，1958 年生，四川高县人。1982 年四川大学历史系本科毕业，1985 年西北大学历史系研究生毕业。先后供职于四川大学、四川省博物馆(现四川博物院)、四川省文物管理局，2003 年起任四川省文物考古研究院院长、研究员，现为南方科技大学教授，中国考古学会常务理事、中国秦汉史研究会副会长。

　　主要研究方向为夏商至秦汉考古，已出版专著 10 余部，发表研究论文、译文 100 多篇。进入 21 世纪以来，积极探索和拓展考古研究的新领域，倡导并积极实践考古人主导考古类文化遗产的保护、规划和利用展示，并有数十个各类案例作品。在国内率先设立公共考古中心；成立全国首家考古探险中心(2005 年)；组织了 12 次大型考古探险活动(2005—2016 年)；策划摄制 8 部数十集的考古探险纪录片；主编"穿越横断山脉之'西部考古探险系列'丛书"8 本；组织了国内考古机构第一次在国外的独立考古发掘(2006 年)；主持了汶川大地震遗址博物馆选址、建设规划方案的编写，征集地震文物 10 余万件(2008—2010 年)；设立并策展了全球第一家"虚拟考古体验馆"(2013 年)及"虚拟考古体验馆"3.0 版(2018 年)；编导科普动漫片《考古训练营》(2013 年)和《考古训练营》2.0 版(2016 年)；创设全国第一家文物医院(2013 年)；主编《文化遗产展陈创意策划方案集》(2013 年)。

考古多面手奏响考古狂想曲

——高大伦先生访谈录

采访者：张　宸

张　宸： 首先感谢您接受中国考古网的采访，先问一个常规问题吧，您当年为何选择四川大学考古系，是出于对历史考古的热爱还是误打误撞进入的呢？

高大伦： 我本科是四川大学考古专业，但是事实上我的高考第一志愿是西南政法大学法律专业。我也不知当年为什么西南政法大学没有收我，而四川大学考古专业收了我。对我们四川人尤其是我们这些偏远地方的青年，以当年所受的教育来说，所知道的和考古相关的人物可能就是郭沫若了，当时对夏鼐、梁思永等考古学家一无所知。

我后来也听说了一些很有趣的事，比如现在金融界很有成就的两个人，他们当年的第一志愿就是考古，因为没有被录取才去学的经济。我就是这样误打误撞学了考古，进入学校真正接触考古以后我发现这个专业还是很不错的，而且还有很多人羡慕我们。我感觉1977—1979年上大学的这批人，换专业的好像不多，尤其和现在有些年轻人刚进考古专业就一门心思要换专业相比。当然也有很多其他原因，可能当年有的想换专业也没有机会吧。

张　宸：那您后来读硕士研究生时为何选择了西北大学的古文字方向呢？

高大伦：大概是 1980 年左右，中国古文字研究会年会在四川召开。当时著名的四川大学历史系系主任徐中舒老先生请了两位学者到川大来作报告，其中一位就是李学勤先生。听完讲座以后，我就非常崇拜李先生，一门心思想考他的研究生。先生当年在西北大学有招生名额，我给先生写信但迟迟未收到回复，临近考试，我还是报名了。考试大概在第二年的四月份，五月份我收到了回信，信中先生说非常抱歉，因为这半年他到剑桥大学去了，回来以后才看到信，还问我有没有参加研究生考试。其实当时我已经拿到成绩单了，而且成绩还不错，五科 369 分，各科成绩也很平均。后来我就真的去了西北大学，过去以后才知道西北大学的考古做得非常好。李学勤先生一直强调学生们要把考古学好，考古的理论方法都不能丢，记得先生当年还专门给北大文献专业的郑超补东周考古。当时我本科个别川大的同学特别不能理解我为什么要跑到西北大学去读书，但是现在回过头来看，我仍觉得当年的选择非常正确。

张　宸：您在本科或研究生期间有比较难忘的实习经历吗？

高大伦：我本科的时候在中堡岛实习，后来的三峡大坝就修在中堡岛我们发掘的遗址上面，可以说三峡大坝的坝基考古是我们做的。遗址堆积非常丰富，我的探方出了几百个小件，我每天都要挑两筐陶片回整理的地方。研究生期间没有参加工地实习，主要就是去各个地方参观。因为李学勤先生不在西安，有两门主要课程都是在北京先生的家里上的，当时经常是上课去李先生家，没课就去北图和科学院图书馆看书。

在江口明末战场遗址现场(2017 年)

张　宸：从西北大学毕业后，您选择回到四川，在川大当了十几年的老师，您当时目标是不是很明确，要回报家乡，做好四川考古？

高大伦：当时思想境界还没有那么深刻，选择回到四川主要是因为生活习惯的问题。作为一个土生土长的南方人，无论从气候还是饮食上来讲，我还是不太习惯北方的生活；那时的北方生活也没现在这么好，交通也不便利；再加上父母年龄大也需要照顾，所以就选择回四川。

张　宸：您在高校、文博单位、科研机构这些地方都有过工作经验，从最早在川大当老师到去博物馆当副馆长、代馆长，后来又去了文物局、考古所。您对这些角色之间的转换有什么体会吗？

高大伦：总的来说都是文博行业，这些工作跟我的专业还不算太脱节。我毕业以后回川大，并不是在考古教研室，而是去了川大博物馆。童恩正先生当时是川大博物馆馆长，他希望我能回。大家都知道，童恩正先生的思想非常活跃，想法很多。我到那以后，童先生让我组建一个博物馆的小卖部。说起这个小卖部，现在那么多博物馆都在搞文创产品，川大博物馆在 1985 年就开始干这个事了，可以说我搞文创产品的经验就是从那个时候开始积累的，到现在都 30 多年了。后来我才到教研室教学，也带学生实习，比如带学生去西昌汉代炼铜遗址、枣阳雕龙碑遗址等等。有一年，我和当时作为研究生的施劲松协助马继贤老师带了 30 个西藏的学生去实习，可以说现在西藏文博界的中坚力量，有很多都是当年川大给培养出来的。

到了 1997 年，四川省博物馆缺人，文化厅的一个负责人通过各种渠道了解到我的情况，就托人带话，让我去见一见他。后来我真的去了，找到分管厅长的办公室，他就让我谈一谈对四川省博物馆的看

在江口明末战场遗址现场(2018 年)

法,再提一些建议,我跟他一口气谈了一个小时,可能他觉得还不错吧,就让我过去干。

我个人觉得,一个人的经验丰富一点挺好。我觉得教好书、写好文章、做好管理、办好展览并不矛盾,很多人都应该有这种潜质,只不过没有去真正尝试罢了。

张　宸: 您在博物馆策展、经营、营销上的经验非常丰富,在四川省博物馆工作时组织了不少可圈可点的活动,相当有影响力,能分享一些记忆深刻的活动吗?您对博物馆行业发展还有什么建议吗?

高大伦: 我自己的经历比较复杂一点,我很敢想问题,但是行动比较保守。事实上博物馆是个公益机构,不要带一点铜臭味。做展览不要怕失败,不要怕没人来看,也不要因为展览做得成功而沾沾自喜。你要把它作为一个事业,持续不断、一波又一波地做下去,不能停顿和间断。事实上当时我已经在学校干了12年,到四川省博物馆后,领导让我先观察,到第三个月,领导就让我做一个展览。在这之前,我是从来没有做过展览的。我们用了50天时间,花了48 000块钱,做出一个小型展览,后来还拿到了一个全国十大精品展提名奖(编者按:"四川民族文物精品展"获1998年第二届"全国博物馆十大陈列展览精品"提名奖)。第二年,领导又让我去策划展览,因为前一年得了提名奖,所以就多给了一些钱,我记得给了50万,后来花了48万,那个展览获得了当年的十大精品奖(编者按:"巴蜀寻根展"获1999年第三届"全国博物馆十大陈列展览精品"精品奖)。我们一定要花比较少的钱办出来最好的事,要让它的效益发挥到极致,这个是我们一直秉持的理念。

张　宸: 在2015年10月举办的"考古资产保护利用盘龙城论坛"上,有学者提出了长江流域青铜文化遗址共同申报世界文化遗产的倡议,现在联合申遗也是一个热点,您对这种"打包"申遗有什么看法呢?

高大伦:组合可以有各种方式,在盘龙城论坛上提出的长江流域青铜文化遗址打包申遗非常好,因为这跟国家现在说的长江经济带有关。另外,长江文明确实跟黄河文明有所区别,现在黄河文明全世界都知道了,长江文明要做的工作还比较多。比方说长江文明的起止点在哪里,长江文明的内涵是什么、特征是什么,长江文明是怎么起源、怎么发展、怎么衰落的? 我们研究长江文明时有时候说得不到位,有时候又有些过分拔高。长江文明真的一直与黄河文明并驾齐驱么? 黄河文明的夏、商、周能够连续起来,那么长江文明的青铜时代能够找到相对应的遗址么? 比如说商代长江流域的代表遗址是什么呢? 所以说需要研究的东西还很多,要在踏踏实实做研究的基础上才能进一步讨论申遗的问题。

另外我觉得通过这个联合申遗可以将研究力量做一些整合。事实上在 2014 年年初,我们也组织了一个长江考古联盟,某种意义上也是为了申遗。将长江沿线十几个省份的考古力量联合起来,考察整个长江流域的主要遗址,用三到四年的时间,每年抽出一个月左右,在这一个月内走三到四个省。我想在这样走下来的同时搞调查、搞研究,我们就会有一批人对长江文明有更加深入、更加系统的了解了。当然申遗是个过程,且重在过程。现在文化线路比较热,如丝绸之路、万里茶路等等,我觉得中国早期很多重要遗址确实在世界上都是数得上的,应该全人类共同保护,全世界共同享有。

张　宸:您是如何想到在成都成立全国首家虚拟考古体验馆的? 四川省率先在全国开展了各种公共考古活动,有考古科普学术日、三星堆进校园等,以此增加四川考古对大众的吸引力。您觉得中国公共考古的前途如何? 您对这个有没有什么设想?

在工地主持考古队员婚礼（2017 年）

高大伦：1950年以后到现在，中国考古学的发展非常快。甚至有人说，这60多年里考古学是所有人文社会科学里面发展最好的。作为一个取得那么大成就的学科，我们应该有属于自己的考古博物馆。一些大型博物馆以选宝的角度去展示文物，应该表达的考古学的内容却没有表达出来，我觉得非常遗憾。我们做了几十年的考古，仍然缺乏阵地和舞台，顶多就是带大家去探方里面看一看，告诉他们什么才是真正的考古。我想成立体验馆最初就是源于成立考古博物馆这个想法，不敢说是第一个，但应该属于全国最早想搞考古博物馆的那一批。因为我在日本留学的时候，参观过日本橿原考古博物馆，当时很羡慕。

目前国内已经有很多博物馆了，如何才能做出一个有特色的考古博物馆是个很大的问题。譬如说，北京有个中国国家博物馆，你再搞一个考古博物馆，不能仅从文物的体量、数量上去"攀比"。比如国博有个鼎，考古博物馆就展出一个比它大、比它高、比它重、比它早的鼎，如果这样去比较就太没意思了，还不如不建。换句话说，我们能不能换个思路？比如一种完全不同的陈列方式，又或者把我们考古学知识融入展览之中。综合博物馆没想到的，展览陈列没有注意到的，我们在考古博物馆中把它展示出来。这样的话，我们就跟其他历史类的博物馆形成了互补，各个博物馆之间也可以互通有无，应该会起到很好的效果。

说回到体验馆，当时在四川省文物考古研究院门口有200平方米的空地，如果出租的话有可观的收入。但是一个考古单位，靠出租你的铺面赚钱，不是本事，甚至有点丢人。真正的本事是你用这个铺面仍然干考古，还能把它干得很好。我们应该守住本行，并把本行发挥到极致，所以我就想利用这200平方米搞一个考古博物馆。我提出这个设想以后，分管安全的人就立马发表了不同意见，因为达不到标准。这个房子比较简陋,是临时的,如果真要搞考古博物馆,恐怕负责安全的人整天都会提心吊胆,他们的意见确实是对的。后来我就换了个思路,我提议搞一个虚拟体验馆,虚拟的总可以了吧!我们大概用了两三个月时间,就把虚拟体验馆弄出来了,一件文物都没摆。整个虚拟考古体验馆由文物医院、考古影像、安丙墓室再现实景、考古奇兵游戏、石镰打火体验、钻木取火体验、地层秘密、考古训练营等8个板块组成。像安丙墓室再现实景就是运用数字技术对墓葬进行还原,文物医院让普通观众近距离了解文物修复的程序。事实证明,体验馆的效果非常好,在有限的场地内既保证了安全,又让参观者体会到了什么才是真正的考古。我们的创新还不止于此,早在十年前我们就成立了中国第一个,大概也是世界第一个考古探险中心——西部考古探险中心。十年来,已开展了十一次大型的文化线路考古调查,基本是每年一次,还出版了多本考察报告。几乎每次央视记者都跟随我们,给我们的探险拍摄了多部专题纪录片,且都已在央视播出。我们的考古探险影响深远,已成为我院的一个品牌。我们设立了文物医院和文物移动医院,我们还编导考古科普动漫片,编写考古卡通书,做文化遗产展陈创意策划方案。人才驱动发展,事业的生命力重在创新,这是我们院大家一起干事业一直秉持的坚定理念。

话收回来。公共考古作为一个概念,比较晚才被提出来。但是以前就一直有人在做这个事情,对老百姓做一些考古普及,比方说到当地去发掘,起码要跟农民讲一讲什么是考古。现在的公共考古更系统了,而且有明确的目标和计划,特别是在全民素质还不太高的情况下,这个学科需要有人理解它。把公共考古做好了,不仅能够提高大众的素质,还可能有更多的人来学这个专业,吸引更多的人才,这对整个考古学的发展也是有利的。况且其他学科也在做科普,我

在"三星堆与世界上古文明暨纪念三星堆祭祀坑发现三十周年国际学术研讨会"上致辞

们为什么不做？比如霍金,他既能写出我们看不懂的深奥学术文章,也能写出《时间简史》这种畅销书,所以科普和学术并不矛盾。

张　宸：2015 年三星堆文物在美国休斯敦自然科学博物馆展出,赢得了不少好评,古蜀文明、四川考古也慢慢走向世界。现在这种交流越来越多,您对这种考古交流有什么看法？四川省文物考古研究院会在未来加强与国外的交流合作吗？

高大伦：文物确实应该多出去展览、多交流。其实我们国家的文物前十几年出去的次数已经不少了,比如 1999 年在美国办的"中国考古黄金时代展",就比较轰动。但是我个人觉得早期的一些出国展览,主要是以"亮宝"为主,而现在我们应该更多地在国外做一些主题展览,并且应该让考古人也参与到展览的策划中。有考古人参与策划的展览可能学术性会更强,学术性、趣味性和观赏性三者并不矛盾,可以说没有学术性就没有观赏性。

不仅文物展览要走出国门,我想考古发掘也要走出国门。我们四川省文物考古研究院是全国第一个走出国门独立进行考古发掘的单位,2005 年我们就到越南去寻找越南的三星堆了,很多人都没想到我们内陆省份会是第一个。回头来看我们还是比较有胆量的,我们的思路就是,中国要走向世界,那么我们考古该怎么做？以前外国人来到中国盗走大批文物确实是不对的,但已经 21 世纪了,在考古上也要做到开放,应该有一种大国的心理,人家那些地方我们可以去发掘,凭什么我们的地方人家不能来呢？只要把政策法规写明白、讲清楚了,能够严格遵守规矩就行。

张　宸：博物馆文创产品越来越火,如台北故宫的文创成为游客的必买产品,现在四川省文物考古研究院的文创产品也因其"脑洞大开"赢得了一致好评。您对文物艺术融入生活,频频创下销售业绩这一现象怎么看？

高大伦：我从 1985 年组建川大博物馆小卖部开始涉及文创产品这一领域，至今有 30 年了。做了这么多年，确实对文创产品有些自己的体会。

首先我认为文创产品不是以利润为目的，这个一定要记住。为什么呢？文创产品是为了宣传你的文化和成果，因为你是一个公益性机构，本来做任何事情都不是以利润为目的。第二我觉得我们文创产品要世俗化，比如之前卖了几十年画像砖拓片，这种东西的受众面太小了，拿回去只能送人或者挂起来，几百块钱的售价也不算便宜，谁买？现在我们把汉画像砖图像印到围裙、桌布、鼠标垫上组成生活三件套，深入每一个生活的细节，进得了书房，下得了厨房，出得了厅堂，品位高，价格还不贵。第三，做文创产品一定要做自己的，博物馆要做自己展品藏品的文创产品，像我们四川省文物考古研究院只做我们亲自发掘出来的东西。一定要有自己的特色，不能跟风。再讲一点，文创产品的包装要简化，因为很多参观博物馆的游客都是外地人，复杂的包装占地方又拔高成本，本来人家打算多买几件回去送人，但是一看包装这么大还是算了，所以我强调文创产品最好做到小而精。总之买文创产品的人是把生活艺术化，而做文创产品的人则要把艺术生活化，要做到生活与艺术相互融合。最后我还要强调一点，我相信成千上万的品种我们都能设计出来，但这个毕竟不是我们四川省文物考古研究院的主业，在做发掘、搞研究的基础上我们有余力肯定会把文创产品做得更好，但如果一天到晚只花时间来干这个是绝对不行的。

张　宸：您是一个特别风趣幽默又极具创造力的人，您是怎样保持这种心态的？您的想法也势必会给整个四川省文物考古研究院带来新的动力吧。

在"第二届中国考古学大会"上发言（2018 年）

高大伦： 这与一个人的生活态度有关，一个人不管当院长还是当老师，如果说你把它当作事业来干，我觉得就应该百分百投入。作为一个管理人员，即使说你没有这方面的经验，以前整天埋头搞研究、写文章，那来到这个位置以后，你必须要分一定的精力来做好这种管理。前几十年，中国考古已经发展到很成熟的地步了，要想出新的话，就要选择新的道路。特别像我们四川省文物考古研究院，前些年和其他省的考古所相比差距还是很大，报告、文章、发掘成果都比不过人家。不过好在最近几年我们发展得很快，我们有一批肯干的年轻人而且领导也大力支持，放手让我们去干，我们也争气，至今还没有做出哪件砸了牌子的事。

我一直提倡录用年轻人，不仅要把年轻人吸引进来，还要留得住他们，想办法让这个单位有活力。我们尽最大的努力给年轻人提供最好的科研条件和生活环境，平常和单位的年轻人聊天，我也会催着他们赶紧写文章、赶报告，但只要有机会就领大家出来参观考察、参加学术讨论会。当然也不是说每一个进来的年轻人都非常优秀，各种情况都有，有的大器晚成，有的一来就比较活跃、表现突出，但是机会均等，都有一个展示的舞台。让我比较欣慰的就是这些年，我们做了这么多事，没有人说我们的学术水平和从前相比下降了，事实上出的报告、发表的文章包括发掘工作量都比以前多多了。一个单位既要有重点发展方向，也要谋划业务的整体推进。事情做出来了，某种意义上也有了成就感。

张　宸： 是的，这些举措一定会为年轻人提供一个很好的发展平台，谢谢您接受中国考古网的采访。

（原文于 2015 年 11 月 30 日发表于中国考古网，经作者修订。）

郭伟民

登长城(2004 年 10 月 1 日)

简　介

　　郭伟民,1964年11月生。1987年7月南京大学历史系考古专业本科毕业,获学士学位;1990年6月湘潭大学历史系考古专业研究生毕业,获硕士学位;2008年7月北京大学考古文博学院研究生毕业,获博士学位。现任湖南省文物考古研究所所长、研究员,中国考古学会常务理事,湖南省考古学会理事长,全国宣传文化系统"四个一批"人才,国家"万人计划"人才,享受国务院政府特殊津贴。

　　学术研究重点为中国新石器和湖南先秦考古学研究,先后参与或主持发掘的主要田野项目有湖南澧县城头山、杉龙岗、鸡叫城等史前遗址及沅陵高坪商周遗址、沅陵虎溪山一号汉墓等。承担多项省部级研究课题,主持湖南大遗址考古与文物保护研究工作,参与和承担永顺老司城遗址、长沙铜官窑遗址及澧阳平原史前遗址群文化遗产保护利用工作,多个项目获"全国十大考古新发现"和国家"田野考古奖"。累计出版论著3部,发表学术论文70余篇。

足遍三湘,上下求索

——郭伟民先生访谈录

采访者:乔　玉

乔　玉:首先感谢您接受中国考古网的采访,能给我们谈一下您是如何走上考古之路的吗?

郭伟民:1983年高考的时候我报考的其实不是考古专业,甚至不是历史系。我当时报的是西南政法学院(现西南政法大学)刑侦系,准备做公安,与考古专业相差甚远。我们当时是先填志愿,把志愿交上去,等分数出来,可以改志愿。考完之后,我的分数比较高,尤其是历史分数非常高,在这种情况下,我的班主任没有给我通知就直接改填南京大学历史系考古专业了,这样我就成了南京大学历史系考古专业的学生。所以说,是机缘巧合让我走上了考古之路。本科学了4年考古,本科毕业又面临一次选择,最后我还是决定考硕士研究生。考研究生到底考哪里? 当时我的父母年纪都比较大,他们希望我能回湖南,这样我就选了湘潭大学。

湘潭大学历史系当时教考古学通论的老师是易漫白先生,易先生毕业于清华大学经济系,1956年考取社科院考古所黄文弼先生的副博士研究生,准确来说他是黄文弼先生和夏鼐先生合带的研究生。当时梁思永先生那篇《山西西阴村史前遗址的新石器时代的陶器》就是易先生翻译的,因为1949年以前他在长沙教会学校读书,英语基础相当好。1961年易先生从社科院考古所调到新疆,在那里从事考古工作直到1978年。因为他是湖南人,后来就调回了湖南湘潭大学,招收的专业是田野考古方法论。家乡正好有学校、有老师招考古专业的学生,我第一志愿就报考了湘潭大学,就这样考上了。我在湘潭大学读了3年研究生,学习田野考古方法论,参加过湖北石家河遗址的考古实习,后来我分到湖南省文物考古研究所一直从事考古行业。

乔 玉: 您进入湖南省文物考古研究所以后就从事史前考古研究吗?

郭伟民: 起初不是史前考古,当时单位人少,哪一段都得做,所长何介钧先生说所里现在楚文化的研究没人,你就去做楚文化研究吧,所以前几年我的发掘以及研究重点都是楚文化。在湘西也做了几年发掘,在一个战国西汉墓地里面发掘了300多座墓,也写了相关文章。后来做史前研究是因为我连续多次参加城头山的发掘,自然而然我的工作重点就转到史前了。之后在北大读博士研究生阶段的重点还是史前,这样就有了转向,以后的研究重点也基本上都是在史前方面。

乔 玉: 您在北大博士毕业以后是否回湖南也是个艰难的选择吧?

郭伟民: 这倒是不难的选择,以个人的经历、研究的方向、学术的归依,毫无疑问我对湖南是最了解的。我一直从事湖南地区的考古发掘研究,对湖南的材料是最熟悉的,湖南地区也很有做研究的潜力,它的材料、区位都能够在学术上取得重要成果。反之,如果到一个新地方或者新单位,要面临对材料的重新掌握,肯定不如自己亲手摸过、亲手挖过的材料那么得心应手。这就基本上确定了我毕业之后还是回湖南工作。

乔　玉: 道县玉蟾岩的发现表明湖南在稻作农业起源阶段的重要地位,您怎么看待这个问题? 近年来长江下游还有上山等处也有与稻作农业起源有关的重要发现,湖南在这方面有新的发现吗?

郭伟民: 这些年来我们的稻作农业研究是从后段往前段追,从已知去追未知。十年以前我们在这方面确实是处在比较领先的地位,尤其是道县玉蟾岩、彭头山、城头山这一系列发现,基本建立了从彭头山文化到屈家岭文化水稻起源、演变或者说进化以及与此相关的稻作农业演进的大致序列,有不少考古发现和研究成果发表。但是像所有研究工作,或者说研究课题一样,经过某一段时期的热点之后,会有沉寂的时候,或者说是遇到瓶颈了。在稻作农业起源和发展方面,下一步工作该怎么做? 湖南现在就面临这个问题。稻作文化显然是与史前社会变迁、文化发展有重要关联的研究重点,但是我们到现在还没有新的材料,也没有新的突破。当然,这并不意味着我们就没有做这方面的工作,实际上我们可能进入了另外一个准备期,就是去搜集材料、准备材料、发现材料。

这些年我们也做了这方面的工作,比如说丰富了已知的相关稻作农业的材料,最近几年又发掘了不少彭头山、大溪、石家河时期的遗址,对水稻本身的演变、进化有了更多了解,而且我们也摸索出了一些新的研究方法。我们的顾海滨副所长一直在做这方面的研究,从植硅体到后来的大植物遗存分析,再到后来小穗轴、胚的研究,实际上就经过了这样一个不断摸索的过程。

稻作农业起源最关键的问题是野生稻向栽培稻进化的过程,以及在此过程中所谓的资源利用、环境适应与改造。另外,还有与水稻相关的农业形态或者说农业体系的研究,比如水稻田的发现,与水稻相关的灌溉体系的出现,稻作农业与社会、与人的关系等层面的研究,这些研究需要与环境考古等密切结合来进行全面的研究,对已有的材料或者已有的工作进一步加强、完善和深化。

另外,就是寻找更早的,一万多年前与稻作农业有关的遗存。这些年我们也做了一些工作,比如说在澧阳平原我们发现了比彭头山遗址更早的遗存,有了一些线索。现在遇到的问题是南方的埋藏环境土壤酸性很强,一般有机质保存很少,除非在淤泥里面。如果不是在饱水的环境里面,基本上找不到任何有机质,这就需要选择新的遗址取得新的发现。

乔 玉:目前的稻作研究在湖南地区从玉蟾岩到后期有连续性吗?

郭伟民:从水稻的进化情况来看是有连续性的,比如说野生稻向栽培稻转变的过程,由早期的有人工干预痕迹的野生稻到人工驯化或者说开始向栽培稻转变的这个过程,在湖南是比较明显的。也就是说从玉蟾岩到彭头山文化,到皂市下层文化再到大溪文化,这个转变过程序列清楚;栽培稻占多少,野生稻占多少,比例也很清楚;粒型有变化,小穗轴、基盘也有变化,这是没问题的。

乔 玉:您在专著《新石器时代澧阳平原与汉东地区的文化和社会》和《城头山遗址与洞庭湖区新石器时代文化》中系统梳理了湖南史前考古的发展序列,从彭头山、城头山、高庙、汤家岗到大溪文化,湖南在新石器时代中期的发展其实毫不逊色于其他地区,您如何评价这个时期湖南史前文化的地位?

在安徽九华山(2008 年 11 月)

郭伟民：大约距今8 000—6 000年这个时间段,湖南的史前文化确实是一个高地,或者说非常先进、发达,甚至引领了整个南方某个区域里的文化进程。其实这个进程还可能发生得更早一些,比如从旧石器时代晚期来看,湖南史前文化的发展序列就非常清楚,而且是非常连续的发展过程。

旧石器向新石器过渡的一系列遗存到彭头山文化,一直到大溪文化阶段,湖南的文化比较发达。大溪文化早期就有城址,这个毫无疑问,这个城到现在为止还是中国历史上最早的城。在整个南方地区的文化发展进程中,环境与文化的发展是密切相关的。按照现在学术界的认知,或者一些已有的研究成果来说,农业起源与发展是边缘开花,中心结果。也就是说,农业的起源和进化决定了新石器文化的发展方向,这非常关键。而最早的农业起源地可能在靠南的低纬度地区,以湖南这个地方来说,就是靠近南岭的区域,比如说玉蟾岩。后来向纬度更高的洞庭湖一带推进,就孕育出了发达的新石器时代文化。

这个过程很有意思。中国的稻作农业起源,从长江中游,或者从长江下游的角度来看也是这样,都是从靠近山区河谷的低纬度地区慢慢向平原、向北推进。比如说上山文化,也是在河流的山谷地带发现的,由上山到跨湖桥,到小黄山,再到河姆渡、马家浜,也呈现出由山地到平地的趋势。现在看来就是由南向北推进的过程,毫无疑问这个过程中孕育出了发达的文化。湖南和湖北都地处长江中游,它们在地理单元上完全是一体的,中间就隔了一条长江,在古代,水实际上是隔不断人际联系的。长江以北是江汉平原,它是更广阔的平原,有更肥沃的土壤。农业社会发展到一定程度之后,显然需要更广阔的一块土地来开发利用,以养活更多的人。那么,江汉平原就发展起来,长江中游的文化和社会发生了中心的转移,由洞庭湖地区转向江汉平原。我们说文化的重心转移了,实际上是农业的重心转移了,所以距今5 500年之后的江汉地区,确切来说是大洪山以南的汉东地区发展出了更先进的农耕文化。当然,中心的转移并非意味着连续的文化过程,汉东地区文化的出现,也并非完全是澧阳平原和峡江地区文化移植的结果。不过,总的来说,这个时期以后澧阳平原或者洞庭湖这一块就不是长江中游的中心区域了;同时,越到晚期,就越会在一个更广阔的区域中开展文化的交流和互动,江汉平原更靠近黄河流域,更靠近长江下游,因此更能与外界交流,而洞庭湖反而显得偏居一隅了,所以说长江中游的文化中心开始向江汉平原发展。不久,中原的中心趋势出现,整个长江中游又被拖入以中原为中心的大趋势背景中去,洞庭湖或者南方的澧阳平原就更显得偏僻了一点,所以在文明化进程加速的阶段中,这边就落伍了,这是一个历史趋势。

乔　玉: 但是洞庭湖和澧阳平原对江汉平原的发展还是有着重要作用的。

郭伟民: 对,毕竟有比较悠久的传统,有非常发达的农业,只不过因为社会的关联度或者文化的互动圈要向那边转移。一直到现在,长江中游的中心还是在武汉而不是长沙,这是毫无疑问的。

乔　玉: 有学者说庙底沟文化对同时期全国的考古学文化产生了重要影响,甚至认为庙底沟文化的扩张促进了各地的社会进步,您如何看大溪文化和庙底沟文化的关联以及庙底沟对大溪的影响?

郭伟民: 庙底沟文化是中原一支非常发达的考古学文化,与此同时,在长江中游这边是大溪文化,这两者之间实际上很早就有互动,就有关联。仰韶文化对长江中游的文化影响非常明显,越是往北,它的影响越强烈。很多遗址,从汉水中游一直到汉水下游,到江汉平原腹地,甚至越过长江到南方,都有不少仰韶文化的彩陶因素,像王仁湘先生说的"史前彩陶的艺术浪潮",这个浪潮实际上波及了南方,波及了长江中游的湖南。大溪文化在这样的转变过程中受到了明显影响,大溪文化的第二期就受到了仰韶文化的冲击,出现了彩陶,尤其是彩陶杯、彩陶碗,彩陶罐等,不仅仅是单纯的筒形瓶之类的东西,而是一波一波的彩陶文化传到这边,传到大溪文化中来,甚至极有可能造成了原有文化谱系结构的解体。大溪文化的一期和二期之间实际上是有较大差异的,所以有的学者就提出来,以关庙山一期为代表的文化和以关庙山二期为代表的文化可能不是一回事。当然这只是另外一种说法,学界目前基本上还是把它们涵盖在大溪文化系统之内,但是明显可以看到确实受到强烈的外文化冲击。这个文化在汉东地区表现得更明显,菱形网格纹的彩陶碗在汉东地区谭家岭等遗址中不少,在汉水以西的阴湘城遗址也有较多发现,而大溪文化传统是没有这些的,显然是受到中原彩陶文化的影响。

乔　玉:这种影响在后期有后续的发展吗?

郭伟民:有发展,实际上促成了另外一个文化的出现,就是在我的书里面谈到的油子岭文化。油子岭文化实际上就是在这样的文化冲击下出现的一种新文化。长江中游汉东地区油子岭文化产生之后,长江中游的西部和南部,包括鄂西、峡江和洞庭湖,仍然还是大溪文化的范围;但是汉东地区油子岭文化越来越强势,最后把其他地方的文化给整合了,到了距今 5 500 年前后油子岭文化就全面取代了原来的大溪文化。

乔　玉:与同时期的庙底沟、崧泽、大汶口、红山等文化相比,大溪文化好像没有特别引人注目的大墓、大型公共建筑或者仪式性建筑,您是如何看待这个问题的?

郭伟民:就目前的考古发现来说确实没有发现,但是没有发现并不意味着就没有。建筑基址在整个考古发掘当中发现得不多,主体还是以墓葬为主。大溪文化的墓葬也有明显的分层与分化,城头山 M678 就是一座大墓,随葬了丰富的陶器,还有其他墓葬不见的玉器。稍后也有大墓,像湖南的划城岗、城头山都发现油子岭文化或者屈家岭文化的墓葬,有的随葬品达 100 多件;湖北荆门属于油子岭文化的龙王山墓地,也发现了有 260 件随葬品的墓葬;湖北城河遗址也有屈家岭文化时期的大墓。但整体而言没有相对独立的贵族墓地,也没有大型公共性的建筑基址,也许它代表了另外一种文化传统。但是发现了很多城址,长江中游发现大量的城,这些城基本上都是这个时候就开始出现了,并不比大汶口文化或者良渚文化年代晚;几乎每隔 20 公里就会有一座城,这种现象也是其他地方没有的。这到底是一种什么样的现象,还需我们进一步研究。

乔 玉:湖南是沟通长江流域和华南的重要通道,您怎么看这两地的关系?

郭伟民:这个很关键。中国或者说东亚的文明进程实际上是以中原为中心不断滚雪球一样的过程,最后把东南亚、东北亚都拉进来了,包括现在的朝鲜半岛和中南半岛的一些区域,都被拉到整个东亚文明这样一个大的文化体系中。湖南正好处在南北文化交流的通道上,史前湖南的早期文化,比如高庙文化,甚至比高庙文化更早的像玉蟾岩这类遗存,实际上在南岭两边都出现了,而且有些石器类型不仅仅在南岭和华南有发现,还遍布更广阔的西南太平洋地区,当然也包括东南亚地区。有些砍砸器、磨制的有段和双肩石器,实际上从台湾到越南,甚至到菲律宾都存在。高庙文化曾经向岭南传播,后来的

陪同黄克忠、郑军先生调研城头山本体保护现状(2015 年 11 月)

汤家岗文化、大溪文化也都向岭南传播,一直呈现着文化传播的动态过程。传播的空间范围越过了南岭到达珠江三角洲,甚至还向更南的地方传播。在所谓百越的分布范围,即从浙江、福建到广东、广西、越南都有类似高庙—汤家岗文化篦点、刻划和戳印纹陶器的发现。学术界说得比较多的是南岛语族的起源,有一些学者,比如 Peter Bellwood 和 Charles Higham,认为南岛语族或者南岛文化的源头可能会追溯到长江中游,甚至彭头山文化。这只是一种假说,即农业和语言的传播假说,但不是没有考古学的证据。到了夏商周时期,毫无疑问湖南又成了中原向南方发展的一个很重要的桥头堡和中继站,中原的陶器、玉器、铜器就是通过湖南这样的区域——主要是两条水路,一条是湘江,一条是沅水,当然还包括资水,向南方传播。在印纹陶、越式铜器的分布与传播过程中,甚至后来的楚和秦汉时期,湖南一直都是非常重要的交通要道。

秦国秦始皇收复平定岭南,或者说对岭南的战争,有五路大军,至少有两路是从湖南出发的;后来汉武帝打南越国的五路大军,其中有两路又是从湖南出发的,所以说湖南在这个时候正好处在中原文化向南方传播和扩散的很重要的一个区域,起到沟通和媒介的作用。同时,在帝国扩张或者国家的文明化进程中,它一直充当了华夏文化向岭南传播的桥头堡或先锋队。长沙国就是一个非常明显的例子,马王堆二号墓的主人是长沙国丞相軑侯利仓,三号墓推断是他的儿子利豨,他们就镇守在长沙国的南部边疆南岭,甚至已经到了连州。在这样一个大的国家体系里面,湖南充当了很重要的角色。

乔 玉:现在看这个传播的方向是从北向南,是单向的还是双向互动的?

郭伟民：文化的交流当然是相互的，这个看谁是主流，主导是在哪里。显然，夏商周以后肯定是由中原向岭南传播，这肯定是占主导，但这并不意味着南方的文化对中原没有影响，实际上商周到秦汉，南方的大量物资、大量物产，像玳瑁、珠玑、宝石、海产品、犀牛角、象牙等这些东西都源源不断地输往中原，甚至包括南方的矿产。这实际上是进入了大的文化交流圈中了，尤其是秦汉以后，南方已经完全纳入中原体系中，那么南方的文化、资源与经济技术都与中原发生了密切的关系。

乔　玉：自大溪文化以后，湖南的史前文化发展相对比较沉寂，您如何看这个问题，以及湖南地区在中国文明起源过程中的作用？

郭伟民：大溪文化以后，洞庭湖地区相对来说是沉寂下来了，但是沉寂并不意味着完全没有了，实际上也可以说是孕育着另外一波力量的出现。大溪文化以后到了屈家岭、石家河文化，这个地方一直有人生存，而且还有自己的文化发展，只不过相对来说它比较松散，没有那么发达，没有那么耀眼，但是这并不意味着它就断了，实际上文化没有断。

石家河文化之后，比如说夏商时期，湖南一直有自己的本土文化，我们这些年做的工作已经慢慢地把这个文化序列构建起来了。另外，到了商周这个阶段，湖南也出现了以炭河里为核心的铜器群或者说独具特色的青铜文化，这可能是一个小的方国，它的文化也进一步发展起来。到了西周时期，楚国崛起，楚文化的底层肯定是本土的，湖南和湖北都有，它的上层受到华夏文明的引导，构建了后来的楚公族文化。在一个大的历史格局中，湖南从史前到商周就是这样一个发展过程。

考察龙岗寺遗址(2015 年 11 月)

乔　玉：那您对湖南的史前考古工作有什么设想,您觉得它有哪些新的增长点?

郭伟民：不论是史前还是历史时期的考古,无论是理论、方法还是技术都要发展变化。我们的研究原来是构建考古学的文化序列和谱系,建立时空框架,现在逐渐向社会研究,即重建古代社会转变。在这样的研究取向中,考古学的方法、技术和理论都会发生变化。比如,要复原社会,就必须找"社会"的东西,"社会"的东西实际上有几个大的层面:经济技术、社会组织和精神文化。这三大块信息的获得又需要非常细致的田野考古工作,这就意味着田野考古的方法和技术要比原来更加精细。我们在做田野考古的时候不仅仅要掌握大的层位,而且要对同一个活动面上不同的遗迹现象进行极度精细化的信息提取,要尽可能多地提取反映史前人类生活方式、生活行为的考古学证据。这些证据的提取,传统考古学的方式是做不到的,必须多学科参与进来。坦率地说,一个考古学家不可能什么都懂,提取信息也不是考古学家能够独立完成的,比如说动植物信息、环境信息和人类的生理病理学信息等。大量多学科的研究方法必须被运用到田野考古中来,只有在精细化和多学科合作的前提下,才能够由物质文化研究向社会组织研究或者说社会重建、复原古代社会这样的研究转变。湖南考古工作今后努力的方向也会尽量向这方面靠拢。

乔　玉：那湖南史前考古究竟有哪些增长点呢?

郭伟民：增长点主要有几个方面,一是新旧石器的过渡,我们会重点关注湘北地区和湘南地区,尤其是距今 1 万年前后人类文化和社会的转变,这个我们可能会取得突破。另外一个是社会复杂化的进程,比如现在有一个很重要的遗址鸡叫城,这个遗址如果把周围的遗址群视为一个大的遗址体系的话,它可能能达到100万—200万平方米的范围,面积非常大,当时它的社会是什么情况是将来鸡叫城考古研究的一个很重要的方向。实际上我们这两大体系就没发生变化,一个是社会的复杂化,另外一个就是新旧石器的过渡和稻作农业的起源,这将来肯定是学术的增长点和亮点。

乔　玉：今天听您在第五届"中国公共考古·李庄论坛"上作的《九嶷山上白云飞——湖南华夏化进程的考古构建》的演讲很受启发,以前好像还没有学者系统地从华夏进程的考古构建的角度梳理过湖南的考古资料。我想很多人可能会对此比较感兴趣,您能否把主要观点总结一下?

郭伟民：从湖南这个角度来看,确实证明了我们中华民族多元一体的进程里面各个区域文化对华夏文明的作用。华夏文明的很多重要因素很早就在湖南出现了,比如说稻作农业,是我们中华文明很重要的一个特质性标志。到后来的商周时期,湖南的青铜文明实际上也丰富了商周文化或者中国青铜文化的内容。这都是非常明显的湖南本地文化在发展过程中不断与中原发生文化交流的例证,这些交流既有单向的流动,也有双向的互动。在这个过程中湖南或者说是以南方为特点的文化特质一步一步地纳入中原文化和华夏文化的体系中。如果没有考古发现,对这个进程我们就无法了解,只能从文献里面管中窥豹,单纯从文献出发讨论为什么舜帝庙在湖南,炎帝陵也在湖南。

如果单纯从真正的史实来看,炎帝和舜帝在不在湖南不好说,因为这些人神是否为真正的个体都不好说。但是到了战国和秦汉时代的历史构建中,炎帝、舜帝到了南方,到了湖南,已经成为民间和国家文献里面的记载了,这就很有意思。实际上,在国家大一统的趋势中,南方不可避免地要纳入中原的体系之中。那么南方民族祖先的神话体系,他们的创世过程必然与中原发生关系,假如有另外一套创世神话体系与中原没关联的话,那么就意味着这两支文化没有关联,这与国家的进程,与中国的大一统趋势是背道而驰的。所以说我们的祖先在春秋战国时期就构建出一个中华大一统的框架。当时是没有考古的,这种构建只能依靠历史记忆、传说与神话来达成。现在,经过几十年的发掘,确确实实可以用考古资料讨论从史前到商周,包括没有文字记载的石器时代,湖南在中华大一统这个发展过程中的角色,认识湖南如何以自己的方式参与华夏文明多元一体的进程,从而使整个湖南区域甚至南方区域成为中华民族不可分割的部分。

考古学研究证明,在这样一个过程中,中华文明海纳百川,不断吸收周边的文化,整合周边的文化,并且不断地吐旧纳新,吸收外来文化,使得自身文化越来越壮大。我觉得这是中国文化最有生命力的体现。

乔　玉:在目前配合基本建设任务紧迫的情况下,您认为应该如何保证省级考古研究所的学术导向和课题意识?

郭伟民:对,确实需要有课题的规划,每5年或者10年,既要有近期的,又要有中长期的考古学术规划。在这样的规划体系里面,考古工作就不分抢救性的考古或主动性的考古了,全都可以纳入大的学术目标中去。湖南实际上已经确定了考古的工作目标和学术目标:第一是要构建新旧石器过渡和稻作农业起源与发展的研究体系;第二是文化与社会复杂化进程,即史前文化与社会复杂化进程的聚落考古研究体系;第三是构建以商周秦汉考古为主体的湖南华夏

出席韩国高丽大学国际学术会议留影(2017 年 5 月)

化进程研究体系;第四是建立以秦汉到隋唐考古为主要工作内容的湖湘文化考古学研究体系。这四大学术研究体系实际上就是要研究从史前到商周的文明进程,从商周到秦汉的华夏化进程,以及秦汉以后的历史演进中的湖湘文化问题。

乔　玉: 那么也就是说现在湖南所有的配合基建的项目都会向这几大方面去靠拢,也都会纳入这些体系中去,然后再进一步实施?

郭伟民: 对。

乔　玉: 近年来您主持了多项大遗址考古还有文物保护研究工作,您在这方面有什么心得?

郭伟民: 大遗址考古或者考古公园建设也是我们考古人的工作,是责任所在。考古发掘和学术研究的目的是什么? 我一直都在问这个问题,我们进行考古发掘,进行考古研究,研究的成果有什么用、是为了什么? 当然,有的人说不一定非要问为什么,但是我觉得这还是要考虑的,考古工作有什么意义,研究成果有什么意义? 这实际上就涉及考古人的文化责任和学术使命问题,涉及我们的民族文化如何去弘扬的问题。考古工作所获得的研究成果可以更好地让我们了解祖先的历史,祖先的历史所反映的就是我们民族的传统文化,优秀的民族传统文化是我们的精神家园。那么如何去传承这些优秀的民族传统文化? 大遗址考古和考古遗址公园建设必然会成为我们工作的一个重点,因为这些大遗址更多、更直接、更准确地承载了我们祖先的某一段历史,我们必须要好好地发掘、研究、保护、展示和利用,这也是大遗址考古和考古遗址公园建设的一个发展方向,也是考古人的工作责任和使命。

这些年我们围绕湖南的大遗址开展考古工作,从史前到历史时期,比如说澧县城头山遗址、长沙铜官窑遗址、永顺老司城遗址和龙山里耶遗址,都是国家考古遗址公园,舜帝庙遗址也准备申报国家考古遗址公园,这些大遗址都将成为我们下一步长期工作的重点。实际上通过深入研究这些不可复制的,而且在湖南的历史进程中具有重要作用和地位的遗址,能够更加完整地复原湖南的古代历史,必将对湖南文化建设和湖湘文化建设有重要帮助,这也是我们的工作责任。

乔 玉:那您觉得应如何处理遗址保护和考古发掘之间的关系呢?

郭伟民:保护和发掘是相对的关系,也是辩证统一的关系,不是对立的关系。大遗址的保护、展示需要有大量考古工作的成果,只有经过详细、周密、完善的考古工作,才能对遗址的价值和重要性有深度的认识,才能使考古的成果真正得到保护和利用。所以说考古发掘和大遗址保护都是文物工作、文化工作的一部分,它们是没有冲突和矛盾的。

乔 玉:这项工作毕竟是这几年才开始兴起,在遗址保护工作过程中,您觉得对考古研究有什么影响吗?

郭伟民:对考古遗址阐释和展示的发言权肯定是在考古学家,这毫无疑问,古今中外没有例外,这也是考古学家的工作。大遗址保护就是考古工作的一部分,考古工作者必须要有责任感和使命感,告诉公众我们的研究目的和成果以及我们所研究的对象对社会、对人类究竟有怎样的意义,关于这些问题最后的发言权一定是属于考古学家的。

乔 玉:湖南在"走出去考古"中已经迈出了很重要的一步,今后有什么设想,准备如何发展?

在临武渡头考古工地(2017 年 5 月)

郭伟民：从大的层面来看，走出去就是为了与国际文化开展交流。就考古行业而言，与外面的文化进行交流就需要去国外开展相应的工作，如果完全用二手的材料是肯定有问题的。我们也是抱着这个目的，这些年围绕"一带一路"，在南亚，比如孟加拉国开展了一些考古工作。那里的文化与中国文化有很多关联，比如说藏传佛教、农业形态，对我们的研究有很多参考价值。更不用说那里还直接与内地或者说湖南发生过联系，湖南的长沙窑外销瓷就到了那个地方，说明湖南在唐宋时期就与那里有交流。其实在更早的时期，湖南的楚汉墓葬里面像琉璃器、玻璃器这些东西都可能是对外交流的产物。我们"走出去"，就是要进一步明确两者之间的交流线路，以及从古到今交流和互动的主要内容。这是很重要的工作，开展国外考古也是我们工作的方向。

乔　玉：那后面有什么具体规划吗？

郭伟民：我们可能还会将重点放在现在已经开展工作的孟加拉国，准备长期做下去。我们准备委托相关大学培养这个方面的学生，包括南亚地区历史、文化和考古，甚至语言方向的学生，将来到我们考古所之后，希望他能够长期待在那个地方，这是学术的要求、业务工作的要求，实际上也是我们国家对外开展文化交流工作的很重要的一个方面。不能打一枪换一个地方，或者说蜻蜓点水似的工作，那是没有意义的，我们要建立长期的联系。

乔　玉：湖南的公共考古起步也很早，做得也有声有色。但是其实现在大家都遇到了一个瓶颈，就是我们怎么做才能够更大程度地惠及公众，您觉得我们要如何做好公共考古？

郭伟民：我们也一直在尝试、探索，比如说招募志愿者、开放考

在孟加拉国考古发掘现场（2015 年 2 月）

古现场、大众媒体宣传,请当地民众广泛参与我们的工作,甚至在考古工地及其周边开展社会学调查。但是,坦率地说这还是局限在我们行业内部,民众或者说整个社会大众还不是完全了解,甚至到现在为止很多民众还认为我们考古是挖宝、是盗墓。所以说这是一项长期的工作,需要创新。怎么去创新,实际上我们也在摸索,不是短期就可以见成效。但是短期不见成效并不意味着我们就不能做,我们一定要深入持久地开展下去,我想总会有成果的。播撒出去的种子,总会生根、发芽、开花的。

乔　玉: 湖南在公共考古方面对未来的发展有什么规划?

郭伟民: 一方面我们要充实公共考古的人员,建立我们自身的公共考古工作班子、工作小组,做宣传推广、做文化传播。实际上创新工作不仅仅是人的问题,关键还是理念的问题,理念要发生变化。第一,对于日常考古工作的宣传和报道形式要进行创新。不能一个考古发掘就一条新闻报道,这里挖了什么遗址,出土了什么文物,这已经没有重要意义了。宣传报道要进一步围绕考古工作深入展开,在看似非常平淡、普通的考古发掘中发现亮点,从各种角度去发掘它的文化和学术价值、新闻价值。第二,对于考古研究所取得成果的传播和报道也要有更具深度的策划和组织。我们准备开展一些专题片拍摄,开展公共考古书籍的写作和出版工作,进一步和相关文化传播公司进行相应的交流,努力做好我们自身的文化传播。这是我们公共考古将来努力的一个方向:不断扩大自己的影响,巩固已有阵地。

乔　玉: 听了您精彩的阐述很受启发,期待湖南考古有更多优秀成果展现给公众,再次感谢您接受中国考古网的采访!

（原文于 2017 年 5 月 16 日发表于中国考古网,经作者修订。录音整理:韩月）

韩
建
业

石家河(谭家岭)实习——这是我挖的第一个房址(1989年摄)

简　介

　　韩建业,1967 年生,甘肃通渭人。1985 年陇西师范毕业后到中学任教,1987 年考入北京大学考古学专业,先后获得历史学学士、硕士、博士学位。1994 年到北京联合大学应用文理学院任教,创建联大考古学学科;现为中国人民大学历史学院教授、博士生导师。

　　多年从事新石器时代和商周时期考古学研究,对中国先秦时期的文化谱系、文化格局、聚落形态、人地关系、古史传说、中西交流等进行过较为全面综合的研究,提出距今 6 000 年前已经形成文化上的"早期中国"、距今 5 000 年前已经出现贯通中西的"彩陶之路"、距今 4 000 年前出现中国的"青铜时代革命"、早期中国文明有三大模式等观点。主持国家社科基金重大项目"欧亚视野下的早期中国文明化进程研究"等,出版《早期中国——中国文化圈的形成和发展》等专著或考古发掘报告 15 部,发表《王湾三期文化研究》等学术论文百余篇。多次获得教育部人文社会科学研究优秀成果奖、北京市哲学社会科学优秀成果奖、北京市高等教育教学成果奖等。

考古中国，趣在求是

——韩建业先生访谈录

采访者：程鹏飞

程鹏飞：韩老师您好，您上大学之前曾经在家乡的学校任教两年，那么您当时为什么要考大学并且选择了北大的考古专业呢？

韩建业：上北大之前，我读的是甘肃省陇西师范学校，它的前身是南安书院，很有文化底蕴。1982年，我14岁初中毕业后考上陇西师范。师范在当时还是不错的，家庭比较困难的人不用担心学费的问题。读师范以后，视野开阔不少，学习的课程跟高中接近，但是比高中的要宽泛、广博一些。学校有个很好的图书馆，我大量的时间都花在阅读中外文学名著上。当时没想上大学的事，也没有学过英语。到1985年快毕业的时候，学校推荐我考大学，我想既然要考，就考一个好一点的，所以没有答应，惹得老师很生气。然后就分配工作，到一个偏远的八年制农村学校，有5年小学、3年中学的那种，也就是甘肃省通渭县陇山乡苟家川学校。从这时候我才开始自学英语，正式准备考大学。考文科还是理科呢？其实文理科我都喜欢，我当时教书也是教几何、代数和物理，但是师范学的理科课程稍浅了一些，要是考理科的话，就比较吃亏，所以就选择考文科。

1987年考大学，报志愿的时候挺有意思，首先就是填哪个学校，因为我是当老师的，当时有个什么政策好像说是必须考师范大学，我心目中比较好的就是北京师范大学，但我更想上北大，所以在志愿表的"北京"和"大学"中间空了两个字，然后抓阄啊什么的，弄了几次结果都是北京大学，就报北京大学吧，也通过了。第二是报专业，北大当年在甘肃省只有四个专业招生：古典文献、国际共产主义运动、经济法、考古学。我比较喜欢哲学和历史，但没有专业可报，就只好选择了和历史学接近的考古学。

程鹏飞：您上大学本科以后，当时北大考古学专业的教学对您有什么影响？

韩建业：北大考古学专业当年的课程主要就是历史学一块、考古学一块。历史学的课程全部都是历史系的老师上，其中不乏名师，受益匪浅。考古这块呢，印象最深的还是"考古学通论"，"通论（上）"是严文明先生讲，"通论（下）"是宿白先生讲。严文明先生讲考古学导论、旧石器时代一直到春秋战国，他讲课深入浅出，清清楚楚，以后重复听还是很有收获。宿白先生从秦汉以后开始讲，他讲课几乎没有一句与课程无关的话，拿着讲义，边说边在黑板上又写又画，速度很快，画图画得非常好。我记得我可以把他说的几乎每个字都记下来，每次课上下来我可以记差不多10页那种小字的笔记，包括很多图。现在很多大学的考古学专业都取消了"考古学通论"这门课程，把它变成中国考古学旧石器部分、新石器部分等，这样不见得更好。应该由知名教授高屋建瓴地讲讲通论，培养兴趣，让学生有个高起点。这两个通论之后，就是一些分段的考古学课程。比如李伯谦老师的课，平易近人，容易听懂。

上本科的时候，考古的课我都认真去听了，一般都坐在比较靠前的位置，但课外花的时间并不多。在北大的时候，我课外阅读的书籍主要还是哲学、心理学等方面的，也包括金庸等的武侠小说，而且经常去听各种讲座。80 年代正是高校很活跃的时期，大家对各种思潮、各种哲学观点都非常关心，对国家的前途也非常关心。我们对选修课也很感兴趣，比如有一门朱青生老师开的选修课叫"西方现代艺术"，他海阔天空地讲，我们信马由缰地听。考试的时候他给我们放康定斯基的作品《黄·红·蓝》的幻灯片，然后让我们看着画作诗，我的诗首句是"红色的蝴蝶"，得了 100 分，这也是我在上大学以后得的唯一的满分。这样的课程谈不上深入，但对开阔视野、胸怀很有益。

程鹏飞：那大学时候在湖北天门石家河的实习对您有什么影响？您是怎么对中国新石器时代考古学研究产生兴趣的？

韩建业：大学实习那是在 1989 年下半年，在这之前，我对新石器谈不上什么特别的兴趣，实习是关键。北大那个时候的实习主要就是新石器和商周这两个教研室的老师来带，新石器的实习在湖北天门石家河，1985 级和我们 1987 级学生都是在石家河。石家河考古项目由北大考古系、湖北省考古所、荆州博物馆三家合作，总负责人是严文明先生。当时我们的带队老师是张江凯、赵辉和张弛三位老师，开始我们大家一起在肖家屋脊发掘，发掘出随葬玉器的瓮棺，到了后期，老师把我们五六个男生安排到谭家岭遗址去发掘。在谭家岭发掘出很厚的墙、很粗的柱子，当时也没弄懂怎么会有那么粗的柱子，后来石家河古城发现后才知道谭家岭可能正好是宫殿区。发掘完以后转入室内整理，地点在荆州博物馆。当时的馆长是张绪球老师，也是三家合作方的负责人之一，他把我们的生活照顾得非常好，住宿伙食条件都很好，让我们永远感念。通过实习，我学到了基本的发掘方法和室内整理方法，更重要的是从此与新石器时代考古结下了不解之缘。本科毕业做论文的时候，是张江凯老师带我，毕业论文

北大本科毕业照(中排左 2 为韩建业,1991 年摄)

题目就是关于石家河遗址的分期问题。我就根据这两年石家河遗址发掘的学生实习报告进行分期,现在看来那个结论还沾点边。本科阶段我的成绩是班里最高的,因此1991年毕业的时候系里就推荐我上研究生。因为实习的缘故,我读了严文明先生和张江凯老师指导的新石器考古方向的研究生。

程鹏飞: 请您谈谈您硕士期间上课的情况吧。

韩建业: 硕士期间,学习方式发生了大的变化,上课时老师不会再给你系统讲授,而是每节课由一个学生主讲一个选题,然后大家讨论,老师作点评、指导,而且一般是硕士生、博士生一起上。这样主要工夫就要花在课外阅读上。严文明先生给我们开的课程有"考古学理论与方法""新石器时代考古研究"等,严先生的点拨常使人茅塞顿开,我的考古入门真正从那个时候开始。李伯谦先生给我们开的课是"夏商周考古研究",我印象最深的就是他说写文章和做研究要考虑周全、自圆其说。当时老师还让我们到中央民院听林耀华先生的"民族学",但是由于一些原因没听成,后来就听了李仰松先生的"民族考古学"。"第四纪地质学"的课是夏正楷老师上,主要讨论第三纪和第四纪分界的问题,听了大概三四次吧,然后我就去实习了,回来补考了一下,老师给了90分,我觉得很侥幸,所以记得清楚。外语就去上了一节课,剩下的都自学,看了很多英文的考古方面的书,第一学期考试不知怎么就稀里糊涂地过了。

程鹏飞: 您硕士期间在河南驻马店的实习对您也很重要,能不能谈一谈?

韩建业: 到1992年后半年的时候开始研究生实习,去哪儿呢?正好宋豫秦老师(他当时是邹衡先生的博士生)要发掘驻马店杨庄,所以张江凯老师就安排我到驻马店实习。这次发掘国家文物局没有拨款,是驻马店自筹经费。当时的发掘主要就是宋老师和我管田野,驻马店文管所的所长李亚东管后勤,发掘初期还请了宋豫秦老师在郑大的一些学生来帮忙,他们都已经是河南各地文物考古部门的工作人员,同时还有北大1989级博物馆学专业的6位同学参加。虽然我当时只是一个研究生,但宋老师不在的时候我要负责整个工地,这对我是一个很大的锻炼,受益终生。后来发掘报告中宋老师说我是"副队长",就是说实际起过这么个作用。另外还跟着宋老师和北大的莫多闻老师等做环境考古调查。

1993年上半年我又到驻马店整理发掘材料,分型定式、反复琢磨,我的陶器分期排队的一点功夫主要是那个时候练成的,宋老师也给过我很多指导。宋老师在的时候,我们每天早上到附近的小摊上喝胡辣汤、吃野菜饼,日子过得简朴而惬意。同时我还一个人小规模发掘了驻马店党楼遗址,发掘时我住在村子附近田野中一个废弃的放砖坯的小储藏室内,铺层稻草就是床铺,晚上出门满天星斗,空无一人,静听百虫鸣夏,真是十分美好的体验。1994年暑期我们又做了最后的整理和绘图工作,除宋老师和我外,还有雷兴山和杨新改。总之,这次实习对我的影响深刻而全面,我的很多主要的东西都是在这个阶段打的基础。

程鹏飞:硕士期间您研究了王湾三期文化,将龙山时代分成了前后期,提出龙山前后期豫南和湖北地区文化的巨变与"禹征三苗"事件有关,请您谈谈那是一个怎样的研究过程?

韩建业:我的硕士论文是以驻马店杨庄遗址为基点,做豫东南龙山时代文化研究,当然首先得吃透杨庄遗址的材料。发掘时想多发掘出一些遗物,因此就沿着一条沟挖,其中主要是二里头文化的东

在驻马店杨庄考古工地(1992 年摄)

西,到要着手写我的毕业论文时,才感到龙山的材料太少。但幸亏有几个探方还可以,也有叠压打破关系。整理时我发现一个很奇怪的现象:下层流行横篮纹,有红陶杯、漏斗形擂钵等,这不是石家河文化遗存吗?而上层流行斜篮纹,有深腹罐、乳足鼎等,应该属于王湾三期文化呀!按一般理解,这里应该是王湾三期文化的地盘,怎么会出现湖北的石家河文化呢?于是我翻检分析了豫西南淅川下王岗等遗址的材料,以及豫南、湖北的所有材料,都有类似情况,甚至石家河文化核心区的肖家屋脊遗址也是这样。张绪球老师也指出过石家河晚期和早中期差别较大,这就是说豫南和湖北的龙山时代是可以明确分成前后期的。我又系统梳理了河南中部的材料,发现王湾三期文化也可以分前后期,只不过变化没有豫南那么大。

我就想,在正常情况下,文化之间发生交往,还不至于发生这么大的变化,况且石家河文化曾经那么强大,怎么会一下子变成了河南人的东西?当时我正好对古史这方面感兴趣,在严文明先生指导下也读了顾颉刚、徐旭生、蒙文通等先生的书,读了多遍,对古史有些了解。我想,这现象不正是禹征三苗的表现吗?以前俞伟超先生也从考古上讲禹征三苗,但他指的是二里头文化在江汉地区的出现,那个年代应该是在公元前一千六七百年左右,而我现在说的这个年代大概在公元前两千一二百年,两者相差几百年,不是一回事。但好多人不求甚解,引用的时候把这两个混在一起。

我把以上这些认识综合起来,就形成了硕士毕业论文的初稿,有36 000字,拿给严文明先生看。大概是他觉得我的框架太乱,干脆替我拟了一个论文提纲,每条下面还有说明,说这个太枝蔓,那个分期太细,看不明白,等等。我这才知道怎样才算写论文!写论文就得紧密围绕题目层层展开,不能眉毛胡子一把抓。我按照严先生的提纲修改,形成12 000字的论文定稿。被删下的24 000字经过修改,就是《王湾三期文化研究》那篇文章,1997年发表在《考古学报》上。同时和杨新改一起写的《禹征三苗探索》一文,1995年发表在《中原文物》上。禹征三苗的研究成为我研究古史最坚实的基点。

另外,这还涉及一个重大问题就是夏文化上限的问题:既然是禹征三苗,那就说明发生这个变故的时候,差不多就是禹的时候,禹的年代也差不多就在公元前两千一二百年。我们讨论夏代上限的时候有那么多观点,又有那么多论述方法,比如说碳十四、文献年代等,都有不可靠的一面。而豫南、湖北龙山前后期之交的这次文化巨变,将夏代的上限揭示至明,反正龙山后期基本就是禹了,就是夏代了,至于绝对年代具体是哪年,可以再算。考古学的特长是研究相对年代,而不是绝对年代。

程鹏飞:但现在学界对古史传说与考古学的对证研究意见很不一致,您如何看待这个问题呢?

韩建业:的确,现在有一些并没有读过多少古史书的人,对古史研究非议颇多,这真是奇怪得很。我觉得,除非你读的书比王国维多,研究水平比徐旭生高,否则不要轻易来对古史研究的事从总体上说三道四,最好是就具体问题讨论一下。反正古史研究是我一直以来最感兴趣的,我这方面的论文曾经出过一个集子,叫《五帝时代——以华夏为核心的古史体系的考古学观察》。

从西周甚至更早以来,那么多的文献都是叙述古史,中国人又有那么严谨的史学传统,各种不同来源的史料都互相印证,表明中国应该存在一个有真实历史背景的传说时代,而不只是神话。包括我在内的一些人认为这是由人话到神话,另外一些人则认为是由神话到人话,这个认识是完全相反的。正因为是传说,不管口耳相传还是传抄翻译，都会出现一些这样那样的问题、矛盾，或者把后来的东西加进去，那就不能简单地看这个问题。就好像我们看《尚书·尧典》，你说《尧典》这么平易近人，一看就不是尧时候的东西，但它开篇就是"曰若稽古"，谁说是尧时候成书的了？以前说某某书是伪书，但现在出土文献资料不断验证里面的记载，那你怎么解释？一本书哪怕这里面有一两条资料是有价值的，这本书就有价值，不要做那种整体性的推翻。

古史传说直指古代世界，一旦它有几分可靠，那就是和古代世界直接对上话了，比利用人类学资料、民族志资料等等要可靠得多。你说美洲土著、云南少数民族如何如何，仰韶文化就如何如何，那只是一种可能性，那些民族志资料只能给你一种启示。但古史不一样，如果《尚书·尧典》基本可靠，尧舜禹大致对应龙山时代，那么许多考古材料就可以得到很"历史"的解释，而不是无尽的推测。

当然，我也不是认为现在古史研究得很好了，其实很不好。首先是总体很不严谨，尤其有些人把古史传说完全当信史，各种材料丝毫不加区分，竟然能算出三皇五帝的生卒年代。其次是很多人不懂考古，对考古学文化谱系一无所知，和古史胡乱比附。三是考古界对古史和考古的对证研究关注太少，道听途说者多，深入研究者鲜。我希望有更多的人关注这个问题，讨论这个问题，只有经过激烈的讨论，最后才有可能得出一些或许接近事实的结论，就像邹衡先生那个时代讨论夏商周那样。

程鹏飞：在读硕士研究生期间，您写过一些墓葬研究方面的论文，您能谈谈这些研究的思路吗？

韩建业：硕士期间我写过 4 篇作业，都发表了，《墓葬的考古学研究——理论与方法论探讨》《什么是"民族考古学"》发表在《东南文化》上,《大汶口墓地分析》发表在《中原文物》上,这三篇都是硕士生期间发表的;还有一篇《殷墟西区墓地分析》拖得久一些,因为投给一个刊物不给发表,后来发表在《考古》上。我至今还感念《东南文化》对我的知遇之恩,感谢《中原文物》给我那么多发表自己观点的机会,更感激《考古》的严谨务实和宏大气魄。

《墓葬的考古学研究——理论与方法论探讨》一文,是"考古学理论与方法"课程的作业。当时我在看了很多墓葬方面的英文文章后写了这个,基本就是个综述性的东西,也有点自己的看法,现在看来不值一提。《大汶口墓地分析》是"新石器时代考古研究"课程的作业,完全是模仿严先生《横阵墓地试析》的,连语言都模仿。写这篇文章有一个比较大的收获,就是发现大汶口墓地晚期的时候,墓地其实已经被少数大墓占据了,由氏族墓地变为家族墓地,我意识到这应该是社会发生质变的时期,这个对我后来研究文明起源有影响。

真正引起大家重视的是《殷墟西区墓地分析》,这是"夏商周考古研究"课的一个作业,当时我想能不能把严先生这个方法在商周考古方面也用一用。这当中还涉及甲骨文、金文的问题,这些在本科也学过,当时我还翻过考古系资料室半人高的《甲骨文合集》,那个时候还没有姚孝遂的《殷墟甲骨刻辞类纂》,现在有这个就太方便了。通过这项研究,我体会到,只要你方法正确,即使在你较为陌生的领域也可以有些见解,当然由于陌生,你不可能钻得很深。

程鹏飞: 那您后来做的"屈肢葬""洞室墓""游牧民族的地下世界"等研究,和上述墓葬研究是不是一个范畴?

韩建业: 不是一个范畴。写"屈肢葬"和"洞室墓"等文章,都是近几年的事情,应该说已经是另外的思路了。葬俗是文化传统的重要组成部分,具有相当的保守性和滞后性,并不是现实社会的直接反映。就比如现在撒纸钱,中间还有个穿孔,模仿古代铜钱。葬俗对研究人群的交流、迁徙、演变来说,应该是一个很好的指标。比如屈肢葬,有时特意把死人的腿绑到胸部,和仰身直肢葬区别多大呀,只有一定文化传统的人群才会这样做。梳理之后我发现中国古代的屈肢葬有几个不同的传统,它们的演变过程也大致清楚,于是就写成《中国古代屈肢葬谱系梳理》一文。"洞室墓"的思路与此接近,都属于文化史研究的内容,属于很"历史"很传统的研究。

《春秋战国时期长城沿线游牧民族的地下世界》这篇论文又是另外一种思路,是受巫鸿的影响,因为我的同班同学王玉冬是巫鸿在芝加哥大学的学生,我和王玉冬经常聊艺术史,也看巫鸿的书。既然巫鸿可以探讨马王堆汉墓的地下世界的问题,那我为什么不能探讨史前的丧葬观念呢?当然他探讨马王堆汉墓有文献支持,比我那个要更靠谱。同时,我也对西方有人提倡的认知考古学很感兴趣,想以后多做些这方面的探索,因为思想实在太重要了。但不管怎么说,探讨史前的丧葬思想等还是要慎之又慎,因为很多情况下就是你在那儿推测,缺乏根据。

程鹏飞:博士生期间,您在内蒙古老虎山整理资料并编写过几本考古报告,当时条件很艰苦,在赵春青老师的笔下那一段经历很有传奇色彩,请您谈谈这些事吧。

韩建业:我1994年硕士毕业后就去了北京联合大学应用文理学院工作,两年后的1996年考上严文明先生的博士,而且是在职读,学制四年。当时严先生就指定我做华北或是北方地区,因为他给我定研究方向的时候,已经考虑到了让我去老虎山整理岱海地区考古资料。内蒙古考古所的田广金和郭素新老师在岱海地区发掘多年,但没有精力整理，希望严先生派学生去做整理。我考上博士后严先生就确定让我来做这件事情。

1997年后半年我就去了老虎山做复核整理。说复核整理，是因为田老师他们已经做过前期整理，器物都已经拼对好了，也做过分期研究。我当时主要是整理龙山阶段老虎山文化遗址的资料，包括老虎山、园子沟、板城、西白玉等，都是田老师他们自1982年以来发掘的资料。同时我也做了板城、西白玉等遗址的试掘，勘察测绘、修改了西白玉、老虎山城址的平面图，比如西白玉城址内侧的台阶、城门，老虎山的城门等，就是我发现的。整理时最主要的工作就是画图，绝大部分器物的米格图都是我画的，以前画的也要一个个校正。我画图的时候，每件石器上面的疤痕、擦痕、磨痕等都画出来了，其实石器上的很多痕迹肉眼就可以看见，用"微痕分析法"只是看得更清楚。陶器呢，断面是怎么接的，里面是怎么拍的，口部是怎么修的，下腹是怎么刮的，所有的痕迹也都画出来。其次就是整理历年来的文字资料。当年田老师利用发掘培训内蒙古的文物考古人才，多批多人参加过发掘。发掘时条件非常艰苦，住着自己挖的窑洞，点着蜡烛，吃着咸菜。在那种情况下发掘资料不可能太详尽，也比较乱，整理清楚真不容易，需要十分的耐心和细致。第三，最关键的是排队分期。我每天一边绘图一边琢磨分期排队的事情，主要是抓典型单位。由于绘图时我对器物有细致观察，所以分期排队时就顺利多了。我深深感到，发掘、绘图等具体事情都得考古学家亲自去做才行，考古工作从调查伊始到最后的分期排队，都属于研究工作，都得研究者亲力亲为，否则怎么提高水平。另外，因为写博士论文的需要，当时我也研究琢磨仰韶文化的东西，至于仰韶文化遗址的正式整理是2001年的事情。

在老虎山遗址(1997 年摄)

1997 年正好赶上日本人和内蒙古考古所合作发掘老虎山、饮牛沟等遗址，我也常去看看。有一段时间老虎山上还是非常热闹的，田老师爱喝酒，日本人也是，田老师一般用几十斤的大桶装着"呼白"（呼和浩特本地白酒）上山，日本人会拿汾酒来喝。当时田老师说，"韩建业你要是喝酒过不了关你博士别想毕业"，可是后来我喝酒还是没过关，田老师说那就算了吧。但是多数时候日本人不在，田老师回呼市，那就只剩下我和做饭的人，还有两条狗。当时我也没觉得苦，因为我这个人实际上喜欢安静，能坐得住，天天在收音机里听大同台，听略带方言味的相声、小品，自得其乐。有一次我博士同班的赵春青来山上参观，来的时候正好杨新改也在，我们还一起爬山。但他后来写的那个"老虎山传奇"却把我写得很是凄凉，也只字未提杨新改，大概文学作品就是这样吧。

1997 年我复核整理的资料编成《岱海考古（一）——老虎山文化遗址发掘报告集》；日本人和内蒙古考古所合作编写了《岱海考古（二）——中日岱海地区考察研究报告集》，我写的板城遗址的发掘报告也在其中；2001 年我复核整理的资料编成《岱海考古（三）——仰韶文化遗址发掘报告集》。

程鹏飞：时任内蒙古考古所所长的田广金先生，当然也包括郭素新先生，给过您什么样的帮助和指导？

韩建业：我觉得人一生能做成些事情，就像南开的数学家陈省身先生说的，一是看天赋，二是看运气。你是否能上好的学校，遇上好的老师，那得看运气。严先生对我的影响是全方位的，太大了，就不在这里说了。田广金老师也给了我深刻的影响，他是一个非常善于思考、钻研而且十分吃苦耐劳的人。他在 70 年代"文革"后期的时候就开始发掘桃红巴拉遗址，开拓了鄂尔多斯式青铜器研究的新路；

发掘朱开沟遗址,探索鄂尔多斯式青铜器的渊源;从朱开沟到老虎山,梳理内蒙古中南部史前文化谱系,研究聚落形态,探索人地关系,按严先生的说法,他每个方面都走在了全国的前列。田老师还特别注重小区考古,比如岱海考古,从仰韶一直到朱开沟,全放在一起考虑,周围环境怎么样,资源怎么样,方方面面他都考虑了。这也是严先生提议这套书叫《岱海考古》的原因。

田老师有这么大的贡献,但是写出的东西不多,他更多的时间花在了田野工作里面,身体也不好,很早就患糖尿病,因此没有那么多的时间和精力去查书,去写文章。他是一个非常和蔼可亲的人,爱聊天,我们一起吃饭的时候他毫无保留地给我讲他的各种想法,我们不断进行讨论,可以说田老师的很多想法后来都融入我的研究当中,对我影响很深。田老师的很多工作都是和郭素新老师一起做的,郭老师也给过我很多帮助。我们都只是站在老师的肩膀上才能有那么一点进步。

程鹏飞:您是不是在岱海期间产生了"北方模式"的构想?"北方模式"的具体内涵又是什么?您后来提的"中原模式"和"东方模式"又是什么?

韩建业:"北方模式"这个概念是我提出来的。我的博士论文《中国北方地区新石器时代文化研究》里面有一部分就是关于聚落形态的研究。学者们一般都将城的出现和社会复杂化联系起来,因为老虎山等遗址有城,所以多数的人认为这个地方社会分层比较明显。我仔细研究了一番,发现一方面"城"里面全是些普通的房子,就是外面用石头圈起来,工程量应该不大,社会分层不明显;而且所有东西都可以在当地找到原料,都可以在每个村子里面做出来,社会分工也不明显。另一方面,山城的军事防御特征很明显,表明当时战争频繁;园子沟等的窑洞式房屋又突显出家族组织。第一方面的特点和当时海岱地区的龙山文化等差别甚大,第二方面又彼此近似。北方地区就这样经历了一两千年,还时常对外产生很大影响,这种情况一定程度上传承到后来的姬周,与其说是"落后",还不如说它是一种模式,我叫它"北方模式"。这种模式适应当地自然资源比较贫乏的特点,有利于可持续发展。后来我又写了一篇论文《略论中国铜石并用时代社会发展的一般趋势和不同模式》,共提出三个模式,除"北方模式"外还有"东方模式"和"中原模式"。

"东方模式"就是黄河下游、长江中下游等偏东部地区的一种社会发展模式。铜石并用时代以后这些地区在出现家族突显、战争频仍等一般趋势的同时,也出现严重的贫富分化、明显的社会分工,如蛋壳黑陶杯、精美玉器等,必须要专业人员才能制作。

"中原模式"介于二者之间,实际上更像是"北方模式"。"中原模式"井然有礼,生死有度,质朴执中。你看西坡墓地,随葬的基本是明器,不会把生前的好东西都放在墓里面,只是用一些严谨的仪式或特殊的东西表示等级。礼制是什么?"制",就是要有节制,该放九件就不能放十件。什么好东西都往里面堆,像暴发户一样,那只能说是严重的贫富分化。因此,真正的礼制,或者周代礼制的根源主要还是在中原。

从资源上来说,东部最好,中原其次,北方最差;但从环境稳定性来说还是中原最好,所以中原最终能够成为中国的核心。我觉得中国之所以能发展到现在,几千年不断,既有严文明先生讲的存在两大农业体系的原因,也与这三个模式之间的互相影响、取长补短很有关系。如果光是一个"北方模式"行吗?资源那么差,再能自强不息也成不了什么大事,成不了伟大文明。光"东方模式"呢?一惊一乍的,两三百年没了，也不行。而"中原模式"兼容并蓄，才是中国文明的核心模式。

程鹏飞：您的研究领域主要在中原和北方，怎么写了一本《新疆的青铜时代和早期铁器时代文化》的书？陈戈先生对您这项研究有什么样的指导和帮助？您的研究有什么新观点？

韩建业：《新疆》这本书是一个副产品。2004年我申请了一个国家社会科学基金项目，叫做"西北地区先秦时期的自然环境与文化发展"，题目挺大的。做这个事情，先要把文化发展脉络梳理清楚，但当做到新疆那边时我就看不太清楚了。新疆有资料、有论文，但总体脉络不清。而且新疆基本属于另外一个大的文化系统，你不能拿中原、北方那些认识去套新疆，那没用。因为看不清楚，我就准备多花点时间对这个地方做点研究。我先把发表的资料仔细进行了梳理，然后去向陈戈老师请教。陈老师是张江凯、田广金老师的同班同学，对新疆史前考古贡献卓著，他既给我指导，也和我讨论，使我短时间内了解了新疆考古的很多内容，引我走上新疆考古之路。2004年暑期我去新疆调查了二十多天，是带着问题去的，收获也是多方面的，感受了当地的自然环境、风土人情，得到很多朋友的帮助，也对新疆考古有了感性认识。调查回来就写了一篇论文，发表在2005年的《新疆文物》上。严文明先生看到这篇论文后，建议加点图，干脆出本书。这就是《新疆》这本书的来历。

严先生说，我这本书是关于新疆史前考古的第一本专著。首先，我利用考古类型学的方法，以陶器为主对新疆史前文化进行了系统分期。也有人对此持异议，说新疆陶器少，可以用别的东西来比，拿个马嚼子，满世界地比。那不是不可以，但是我觉得还是陶器变化敏感，分期意义更大。其次，我在分期的基础之上，把新疆的文化谱系

考察新疆察布查尔县琼博拉墓地(2004 年摄)

做了一个系统的梳理,比如第一个阶段,东边是带耳罐,西边是筒形罐,两个大系统,里面还有若干个文化,一目了然。第三,我提出公元前1300年左右新疆就进入铁器时代,这比之前陈戈先生讲的公元前1000年进入早期铁器时代还早。陈老师的意见很多人就不同意,更别说我这个。但我将公元前1300年以后划在早期铁器时代,是基于此后的整体性变化,以及此后铁器陆陆续续出现的事实。最近我们知道,甘肃临潭磨沟遗址出了几块年代比较早的人工冶炼的铁,很可能新疆这边铁器的出现还要早一些。当然,分期也好,谱系也好,这些研究受陈戈等前辈的影响很大,不少结论都是引用了他们的成果。

程鹏飞: 您能谈谈对西北地区先秦时期人地关系研究的体会吗?

韩建业: 我第一次接触环境考古是在驻马店,真正对人地关系感兴趣是在岱海,当时我的博士论文里面也写了人地关系的内容。但具体到申请西北地区这个项目,却是因为2000年的时候参加了中国工程院的一个国家重大咨询项目"西北地区水资源配置、生态环境建设和可持续发展战略研究",我是在刘东生院士主持的西北地区自然环境演变课题组里。当年刘先生找了严文明先生做黄土高原史前的人地关系研究,严先生参加了他们的会,也写了一个框架性的东西,但后来课题组要求研究更细致一些,他没有精力做,就找了我和陈洪海做。我每次参加刘院士主持的会都学到很多东西,感受最深的就是院士们对国家和人民的关心。比如有一项气候预测研究认为近几十年内西北地区降水量会增加,当地人知道这个消息后浪费水的现象就更严重了。后来钱正英和刘东生先生他们就议论,说那里假如以前有五毫米的降雨量,现在增加百分之百,那才十毫米,也不能从根本上改变西北地区干旱的基本格局。所以说做课题以及消息的发布都必须慎重。刘先生他们还提出适应自然的"宜草则草""宜树则树""宜农则农""宜牧则牧""宜沙则沙"的原则。比如塔里木盆地在全新世气候最好的时候就主要是沙漠,你现在把它变成绿洲,那别的地方就完了。这样的思想对我的影响很大。

参加他们的课题虽然收获大,但做得匆忙,不够深入,因此我在2004年申请了国家社科基金项目"西北地区先秦时期的自然环境与文化发展"。这是个很大的题目,既要梳理西北先秦文化谱系,还要梳理自然环境及其演变的情况。尤其自然环境这一块,我本人没有什么研究,只是检索、归纳学界大量的成果。我当时分了三个区,尽量用每个区的资料说明每个区的问题,是"小区环境考古"的理念。二者都理清以后就加以对比,得出了5点结论。总体上我提出的人地关系是比较辩证的,环境肯定会对文化产生影响,但却无法决定影响之后文化的走向;这个影响可能使得某些文化绝灭,某些文化衰落,也可能使得某些文化突然迸发活力,变得异常强大。这里面就体现出人的能动性,关键是看你选择一种什么样的方式去应对环境的变化,假如说你能顺其自然,环境变差了也可能活得更好;反之不能顺其自然,就有可能灭亡。

我印象最深刻的就是公元前2000年左右,气候比较恶劣的这一次,全世界都受到了影响。然而中国的文化不但没有缩小,反而全面铺开,新疆也有了很多文化,就是因为这一次西方的很多半农半牧的文化因素进来了,铜器、铁器等也进来了。这样的话,能种庄稼的地方种庄稼,适合放牧的地方就放牧,半农半牧,很多地方就都能让人生存了。

程鹏飞: 请您谈谈您近年来对文化上"早期中国"的研究情况。

韩建业: 这当然更是大问题了。中国有那么好的一个历史传承,可是近代以来,备受屈辱,中国文化到底怎么回事,中国文化的源头在哪里,是不是西方文化一定强于中国文化?这样的很多问题都出来了。二三十年代以来中国人对这些问题倍加关注,就是疑古派也想知道真实的中国到底是什么样的,大家都对考古学寄予厚望。后来有了考古学,安特生提出仰韶文化是中华文化的源头,大家很兴奋;紧接着又是"西来说",令人沮丧。后来发掘殷墟等,中国人一直把探讨中国文化、中华民族的起源问题作为一件大事。李济、夏鼐、苏秉琦等先生也都曾致力于重建中国上古史的工作。

这当中对我影响最大的是严文明和张光直先生。1986年在美国开一个会,严文明先生的发言题目是《中国史前文化的统一性与多样性》,他讲早在史前时期,中国文化就互相交流形成一个"重瓣花朵式"的格局:中原是花心,外边有第一重花瓣、第二重花瓣,这样一个多元一体的格局奠定了后世中国的基础。当时是张光直先生给他作的点评,张先生说,实际上这样一个文化圈大约在六千年前就形成了。张先生同年出版的英文版《古代中国考古学》(第四版)中正好就提出,六千年前在中国这片土地上就有个文化的"相互作用圈",这个圈呢,可以叫它"X",但也不妨叫它"中国相互作用圈"。两人可以说是英雄所见略同吧!

但我明确着手研究这个大问题,还是受到一件事的刺激。1995年,芝加哥大学的巫鸿出版了一本书叫《中国早期艺术和建筑中的纪念性》,出版以后遭到贝格利等人的猛烈批判。贝格利对巫鸿无视文化的多样性而将诸多史前文化都假设成"中国"文化,给诸多史前居民贴上"中国人"的标签极为不满,后来巫鸿又有针锋相对的反驳,由于双方均火药味十足而被李零称为"学术'科索沃'"。李零等还组织人把双方互相讨论批评的稿件翻译出来,发表在《中国学术》上。

我也翻译了一篇，大概是翻译得不好，他们没用，但是学到很多，后来就一直琢磨这个问题。我2004年讨论了中国新石器时代中原文化的特殊地位；2005年明确提出"早期中国文化圈"和文化上"早期中国"的概念；2009年提出文化上的"早期中国"萌芽于公元前8000年前后的新石器时代中期，而正式形成于公元前4000年前后的新石器时代晚期。现在做的国家社科基金项目《早期中国文化圈的形成和发展研究》，就是想对这个问题做个较为系统的研究。

程鹏飞：您写过《良渚、陶寺与二里头——早期中国文明的演进之路》一文，您研究文明起源的思路有什么独特之处？

韩建业：是严文明先生的思路有独特之处，我只是学习了严先生的方法。别人研究文明起源，主要是通过观察聚落形态，研究社会复杂化等；严先生除了注重这方面，还特别注重文化谱系，关注文化格局的变化。

受他影响，我研究文明起源的时候，把文明当作一个历史的共同体去研究。举个例子吧，研究埃及文明的时候，肯定不会局限于现在的埃及国界，而是看它实际的涉及范围。但是我们现在研究中国文明起源时，不少人似乎就以中华人民共和国的国界为研究范围，这肯定有问题。我讲的早期中国文明必须是"有中心，多元一体"的一个圈子，这个中心就在中原。早期中国文明起源于距今6000年前后的庙底沟时代，距今5500年后就是中国各地文明化的过程，包括良渚文化。中国文明还应有它的特质，比如说礼制、内敛、农业为本、祖先崇拜等，很多东西跟西方都不一样，有这些特质的才是中国文明。一个伟大的文明不会是孤立发展的，我写的《中国上古时期三大集团交互关系探讨——兼论中国文明的形成》，讲中国文明就是在三大集团的交流、碰撞过程中起源和形成的。

在埃及梯形金字塔前(2010 年摄)

程鹏飞：您出了那么多书，写了那么多论文，这与您的勤奋和合理安排时间分不开吧？您的业余爱好和工作生活方面的理念是什么？

韩建业：时间是要合理安排。比如看书，我会把拿到的书先很快翻完，了解主要内容，思考问题的时候就心中有数。如果看到感兴趣的地方，就停下来做记录，或者做些思考。有时候一本书能让你阅读的时候停几次就算有价值了。要学会在看书中思考，最重要的是学会怎么样快速地从一本书、一篇文章里面迅速地抓出一些有用的东西来。现在书那么多，不用把每一本书都从头看到尾，那多浪费时间啊，有些东西可以回头再查。但有些书需要精读，反复读，比如严文明先生的《仰韶文化研究》。

每个人都会有一些爱好，我也不例外。我喜欢玩各类电脑游戏、打牌、看电影、看武侠小说，现在也是，以前还摆弄乐器、打球，凡是好玩的我都喜欢，因此也浪费了很多时间。为什么喜欢玩呢？是因为好奇心。搞考古也需要好奇心，需要强烈的探索欲望。

和很多人一样，我上大学的时候常常思考"人活着是为了什么"这样的问题，我现在找到答案了，我觉得人活着的全部意义只有两个字，就是"活着"。我们每个人身体健康地活着，我们以生孩子的方式活着，我们以社会的方式活着，我们以文化的方式活着。凡是有利于长久活着、可持续发展的社会、文化都是"好"的，否则就是"坏"的，因为人本质上还是生物。这是我的人生观，也是我几乎所有学术研究的出发点。我希望人能够永远都回到人的本身，顺其自然，不要"异化"。这也算是我的生活理念吧！

程鹏飞：您现在作为北京联合大学考古学学科带头人，对学科建设有什么想法？

韩建业：学科建设呢，一般来说就是提高研究水平、申请博士点等事。北京联合大学是北京市属院校，我们的学科建设定位是"立足北京、胸怀全国、放眼世界"。我们的考古学专业硕士点现在只有6个研究方向：旧石器考古和古人类学、新石器商周考古、汉唐至宋元考古、文化遗产保护与科技考古、文化遗产数字化、环境考古，研究人员也还很少，除我外还有冯小波、陈悦新等。我们的本科历史学专业主要发展文化遗产方向，年招生105人，为北京市特色专业，也可能是即将批准的教育部专业综合改革试点专业。文化遗产的保护和利用是我们学科今后的重点之一。

研究方面要传统和现代结合、基础和应用并重。我觉得传统考古学的精髓，如地层学、类型学、考古学文化研究等，是考古学立身之本，千万不能丢。现在有危机：有人觉得过时，老师不教，学生不学。考古学家到底擅长什么？植物？动物？科技？考古学归根结底是人文学科，要避免考古学过于自然科学化的倾向。至于现代科学技术，能用就用，各种分析越多越好，但要合理解释，下结论要慎重，不要一惊一乍，不是用了科技手段就一定科学。

基础丢了，一切皆无。应用有大应用和小应用的区别。大应用——中国至少上万年的历史经验，只有考古学才能解读，使其对国家发展方向、道路选择有启示。考古学有责任和义务为国家的前途贡献智慧。小应用——文化遗产保护与利用，实际是重中之重：保护与利用并重，但保护是基础，现在往往名为保护，实为破坏，利用不当。既要科技保护，更要在政策、法规、管理等方面下大工夫，还要重点培养文保一线人才。我们学校有国家级的应用文科综合实验教学中心，之下有多个文保类实验室；还有文化遗产研究所，花费了很多精力做文化遗产保护。

指导学生(2011 年摄)

从长远来看,希望我们学科将来能出几个真正踏踏实实做学问的人。这不是硕士点、博士点的事,不是人多势众的事,也不是写多少篇论文、做多少个课题的事,而是要真正做出一些接近真实的、创新的、对国家社会有用的成果。

程鹏飞:感谢您接受中国考古网的采访!

（原文于 2012 年 5 月 29 日发表于中国考古网,经作者修订。）

李季

李季先生野外工作

简　介

李季，1952年8月出生，故宫博物院研究馆员。1969年3月在轻工业部"五七"干校参加工作；1978年至1982年在吉林大学历史系考古专业学习，毕业后分配到国家文物局文物处，历任一般干部、副处长、处长；1991年9月任国家文物局流散文物处处长；1996年12月任国家文物局博物馆司社会文物管理处处长；1997年4月任中国历史博物馆陈列部主任；2000年4月任中国历史博物馆副馆长；2003年3月任中国国家博物馆副馆长；2003年9月至2013年6月任故宫博物院常务副院长；2013年10月任故宫博物院考古研究所所长。1989年被推选为中国考古学会理事，2008年为常务理事，2013年至2018年为副理事长。

主要著作有《兖州西吴寺》《山东济宁凤凰台遗址发掘简报》《论山东龙山文化西吴寺类型》《千秋索隐百年寻觅——中国文明的起源》等。

田野风光红墙月,
学者情怀赤子心

——李季先生访谈录

采访者：黄　珊

黄　珊：李先生您好！感谢您在百忙之中拨冗接受中国考古网的专访。作为一名资深考古人,您能否与我们分享一下您与考古学结缘的故事,以及您首次参加考古活动的经历？

李　季：和许多同龄人一样,投身考古之前,我并不知道考古是干什么的。我们这代人正好赶上了"上山下乡",我下乡前前后后差不多10年时间,当时只有一个强烈的愿望,就是读书。1977年恢复高考以后,我觉得是个难得的机会,一定要上学,至于上什么倒没有一个明确的目标。1977年考试的时候我已经25岁,因为超龄没让考,那么下一拨78级高考我无论如何也要考上。1978年招生政策发生了变化,我所在的河北考区是先出分数后报志愿,那一年大龄考生如果单项成绩突出而且与志愿专业方向一致的话,可以优先考虑,我的历史单科成绩相当高,所以志愿也与历史相关。一个学校能填两个志愿,我就把历史和考古都填了,实际上完全不知道考古是做什么的。在当时的想象之中,考古可能与到处转转逛逛有关系。我下乡的时候,除了种地以外还做过建筑,会使用平板仪、经纬仪,到了考古专业以后,发现这些经历很有用。另一方面,我1969年下乡,在70年代初的中国农村,比如我所在的河北,虽然现代文明已经进入,有了电、拖拉机和机井,但农业文明时代的很多东西仍然存在,打水还要靠水井,主要的运载工具还是马车、驴车。多年的农村生活使我后来在学习考古的时候对生产工具、生产方式和庄稼等对象很容易产生亲切感。当然我们这一届学生存在先天不足,确实念书比较少,无论怎么恶补,这个缺陷都很难充分弥补,所以只能扬长避短。在学校的时候我就偏向前段,偏向新石器考古。我觉得去农村下工地,吃苦不是问题,但自己在文献古籍方面确实是弱项。很庆幸当时我们的考古教研室主任张忠培先生亲自在工地带领实习,让我觉得新石器考古确实十分引人入胜;还有林沄先生讲授商周考古,使我对整个前段的考古都比较感兴趣。

当时吉林大学以重视田野闻名,我们班有3次实习,整个大学期间有3个学期都在外发掘。我们是在河北张家口和山西太谷白燕实习,我就是在这一段实习中奠定了比较好的基础。当时带我们实习的几位辅导老师都是真心热爱考古,我们这些学生的岁数也都不小了,很清楚自己要做什么,自己的长处是什么。大家觉得考古不仅能满足自己对文史的追求,还有一定的工科成分,过去我们都下过乡做过工,干这些事情比较轻车熟路;再者,考古有很多行政成分,譬如需要和当地农民打好交道,和地方各级机构做好协调,对我们这些“老工农兵”来说,这些都比较容易做到,所以大家都感觉从此自己就是干考古这一行的了。大学毕业以后有几个去向,从我个人的意愿来说,我希望可以继续攻读吉大研究生,但是考虑到我家在北京,要解决家庭实际问题,同时北京的各个文博机构也要人,我就被分配到了国家文物局。同学们中间,有到了社科院考古所的,也有去其他一些单位的，就这样我们的人生进入了下一段里程。

黄　珊：能和我们谈谈您在国家文物局工作期间制定田野考古规程、办领队班的经历吗？

李　季：1982年毕业之后，我到了国家文物局，当时我觉得非常幸运：除了在校能受到张忠培老师的指导之外，工作以后的领导是张先生在北大56届的同班同学黄景略先生。黄先生是处长，底下带着三个兵：杨林、王军和我。那时候我们几个年轻人都很理想化，进入行政岗位以后，我们就想：能不能将行政管理科学化？当时各地报来的考古工作申请书五花八门，没有统一的格式；批准也没有一定之规，只是一张纸的文件，我们觉得作为一个行业，应该有它的规矩。回过头想想，我们的老处长黄景略先生真是难能可贵，他很支持我们年轻人的想法，凡是这些想法他都认真考虑，而且让我们放手去做。我们首先规范考古申报，第一步是制作了固定格式的申请书，按照当时的规定，国家文物局受理以后，要会同中国社会科学院考古研究所会签审核意见。我的主要任务之一就是拿着申请书跑考古所，那时候夏先生的小院还在，每次攒够一批申请书就拿过去，会签批意见。为了有庄严感，我们还专门设计了考古发掘证照，就是现在大家看到的这个。当时规矩也没这么多，文物局是文化部的内设局，盖的国徽章是文化部的章。我刚毕业没多久，写个申请，就把文化部的大印借出来了，背在一个破书包里去文物印刷厂印制证照。刚有计算机的时候，我找到曾经在考古所和历史博物馆工作过的黄其煦用计算机建立程序，他是考古界第一批接触电脑的人，帮着我建立了一个能够进行多项检索的小程序，领队的名字、工地名称等都能检索。那是80年代，我们都觉得很神奇。以上是建立申报和审批系统的经历。

成都考古会期间(1984 年 3 月)
左起：张昌倬、童明康、苏秉琦、夏鼐、王军、李季

到了 1983 年,我们开始考虑考古发掘整体管理的制度,认为应该对工地的质量有个要求,对考古人员资质有个要求,于是提出了领队资格和团体发掘资格。以往的工地质量要求存在一个问题,国家文物局组织专家检查工地,什么叫做好、什么叫做不好应该有个标准,标准就应该是个规程。记得那时只有一本《工农考古知识》,是唯一能够流传的出版物,另外就是各学校考古专业讲课的笔记,所以我们考虑能否做出规程。1984 年 3 月,国家文物局在四川成都召开了全国考古工作会议,这个会议夏鼐先生和苏秉琦先生都出席了。会上夏先生和苏先生都对考古学的发展提出了重要意见,其中很关键的是夏先生提出考古发掘的质量非常重要,他严厉批评了某些工地质量很差,简直就是挖土豆、刨东西,不遵守规程。于是会上将制定考古发掘规程列为重要议程,实际承担是国家文物局文物处,因为我在这个处工作,就把先生们讨论的问题做了记录。会议由黄景略先生主持,具体参加的都是一线工作的各省考古所所长和专家,记得有山东的张学海、河南的杨育彬、北京的叶学明等人,后来张忠培先生、严文明先生,还有俞伟超先生陆续加入,都提出过意见。我根据他们的意见不断修改归纳,在当年就出台了一份《田野考古工作规程》,这一版的考古规程一直使用到 2009 年新的版本公布为止。当然新的版本更完善,更适合今天的情况,但第一版考古工作规程在 25 年间一直作为中国考古界田野考古依循的准则而发挥着它的作用。我感觉,这个规程能够这么顺利地诞生,在于其参与者都是一线工作人员,包括北大老师,既有丰富的教学经验,又有丰富的田野发掘经验,大家对田野工作的基本点的认识是一致的,对一些细节的考虑比较充分,虽然大家后来提出过不足和修改,但总的来说,在这么长的时间里还是发挥了比较大的作用。

成都考古会后《田野考古工作规程》起草团队在四川考察(1984年3月)
前排左起：张学海、黄景略、张忠培、贾峨；后排左起：李季、叶学明、杨育彬、赵殿增

问题是互相关联的,有了规程谁来执行?光一个公文下去,你盖多大的国徽章也没用。大家是否能理解这个规程的本质?能否一点一滴地在具体的实践中执行?这就牵涉到人的问题。在成都的时候,苏秉琦先生几次谈到一个很有趣也很重要的观点,他打了一个很生动的比方:考古事业的发展就好像佛法的弘扬,佛教三宝是佛、法、僧。佛要有丛林、要有庙;法可以理解为理论和法度,得有规矩;这些都具备了以后要有僧,要有人。他说能不能搞个培训班?培训有时候不在于学了多少东西,而是要培养一种精神和凝聚力。受苏先生意见的启发,我们征求了各位先生的意见,大家都支持进行再培训。这类培训在此之前有一个成功的例子,50年代的时候办过四期培训班,即号称"老黄埔"的考古培训班,后来大家耳熟能详的很多老一辈考古学家都出自此次训练。在此基础上大家取得共识,对目前考古界的青年同志进行再培训。我们设计了一个制度:考古领队资格的授予是老人老办法、新人新办法,对于"文革"前考古专业毕业而且已经有了考古工作经验和成果的,根据情况直接授予考古领队资格;对于"文革"以后的学生,实际上是从1972年第一届"工农兵学员"开始,都需要经过回炉训练,才能够授予考古领队资格,就是不培训无资格上岗,当时虽然没有这么时髦的说法,但实际上它就是最早的文博行业准入规范和行业门槛。那时定的标准现在看来比较低,但在当时是相当高的,必须是考古专业本科毕业,有三年以上实践经验,才能有入学资格。

黄　珊:您能谈谈在兖州西吴寺开设第一届考古领队培训班的过程,以及您本人在西吴寺进行发掘并撰写田野报告的经历吗?

李　季:确定办领队班之后,就涉及选择地点。大的方向我记得是受严文明先生启发,他说培养学生要去文化谱系相对单纯清楚的地方,最好在山东,东夷产生发展的脉络比较清楚;同时也考虑到山东地理位置适中,不南不北,学员们来自全国各地,便于往来交通。我和山东省考古所后来的副所长佟佩华以及何德亮一起,在山东跑了很多遗址,最终选择了西吴寺。这个遗址文化层厚薄合适,遗迹现象丰富;而且旁边有砖瓦厂,已经出土了不少文物;离兖州火车站比较近,交通也相对方便,于是就在那里设班建点。后期又在旁边的唐庄征了一块地建立工作站,初步实现了"有丛林"的理想。在那个年代,考古人有个自己的窝,有简单的淋浴、伙房、冰箱,有电视可看,能打乒乓球,真是很高级了。在山东举办的六期培训班,我经历了前四期,后来陆续在河南西山和三峡也办过几期。

前面说了领队班的入学资格,现在说结业。领队培训班的结业制度在当时是很超前的,用现在的话说是末位淘汰,保持有不及格率,虽然不是刻意的,但不能像其他培训班一样,来了全部及格就走,皆大欢喜。这个规定是先生们定下来的,很多老学员现在回忆的时候都觉得"压力山大"。当时盯工地的都是老师们,和大家同吃同住几个月,其中包括郑笑梅老师、叶学明老师、张学海老师、黄景略老师等,得空就在工地上。等到考核的时候,俞伟超、严文明先生亲自到工地监督考核,比现在带博士生付出的心血还要多。老师和学生一起刮地层、找剖面、拼陶片、器物排队,直到答辩,每一步都打分,每一步都有不及格的。每一期培训班说起来也就三个月左右的时间,但很多学员回忆起来,觉得有这个机会重新集中到一起,按照规程的要求非常规范地做一遍,是终生受益的。

西吴寺培训班的起点很高,要留下一流的资料,尽快写出考古报告,做出表率。其实在80年代积压考古报告的情况就已经非常严重了,这是由各方面原因导致的。我自己的体会是,第一要明确负责人,很多报告不清楚的原因是工地规模较大,前后经手人多。在西吴寺,先生们一开始就交代我要考虑报告的问题,所以我和山东省考古所的何德亮同志从一开始就留意探方日记、工地日记,核对探方的平剖面图,由于我要考虑陆续发工作简报和出报告的问题,责任就很清楚。再一点就是要一鼓作气,时间长了,心气儿也没了,很多事也想不起来了,且不说在当时的技术条件下,时间久了连标签都看不清了,陶片口袋也烂了,东西都混了。1984、1985 年在西吴寺发掘,1986年开始在附近的潘庙、凤凰台等遗址发掘,这些地点都单独出了简报;1986 年我们整理西吴寺材料,1986、1987 年动手写报告,1988 年初稿就出来了,1989 年定稿,1990 年送出版社,1991 年初就见书了,当时认为这个报告出来的速度是很快的。我记得西吴寺报告是苏秉琦先生亲自题名的。就是这一鼓作气,坚持不了也得坚持,我才最终坚持下来了。

考古领队培训班基本达到了最初开设的目标,其目的是培养人才,这批学员确实在后来的二三十年间成为文博界的骨干力量,不光是各地考古所长,后来我们文博系统内部调动很频繁,包括各地的博物馆馆长、文物局局长,都有这批学员。加上出版了一本报告,发表了一批资料,完善了工地管理制度,收获很大。

黄　珊:您能就国家文物局的工作经历和我们谈谈作为一名考古管理人的心路历程吗?

李　季:我和几位同事刚参加工作的时候,热血沸腾,抱着青年人的理想、没日没夜、加班加点地从事行政管理工作,从 1982 年到1984 年,基本上把考古项目、领队、团体资格等方面的审批都建立了规矩,还起草了省级考古所的工作条例。这些都是过去没有的,自己不免有点得意扬扬,到各地的时候也经常提出应该怎么怎么做。那时我们的处长黄景略先生就把我们三位召集在一起,对我们说:"不要以为是考古专业毕业的,你们就懂考古;不要以为你们在国家文物局这个岗位工作,就可以到处指挥、指手划脚。你们还年轻,给你们一个机会,现在机关的杂事我顶着,琐碎的公务尽量我来处理,你们一个人找一个工地下去,一直到写出报告为止。"那时候我正好在办考古领队班,从1984年夏天选址开始,一直到1990年结束山东工作,期间除了回北京处理一些事务以外,有时间基本都在山东待着。杨林跟着信立祥老师去中国历史博物馆参加了山西平朔煤矿汉墓考古队;王军是第一次启动三峡工程的时候,在宜昌中堡岛发掘,后来那地方也开办了考古领队培训班,一干就是几年,我们都觉得收获太大了。我们有一个体会,在工地,多大的名头,在当地一点意义都没有,不管你来自国家什么单位,当地老乡看你就是一个考古队,必须跟老乡们说清楚自己是干什么的,你能帮他干什么,与县、乡、村各级搞好关系,在财务制度允许范畴内把事情办通。

后来我作为国家文物局文物处处长陪着专家看工地,我一看就觉得很透明,挖了多少土、赔多少青苗、土能占多少地、民工费多少钱,一个工地想让国家文物局拨付多少经费,我心里大概都有数。这样和大家的距离就非常近了,不管到哪里,和地方上都是非常真心的朋友,大家不会觉得你是个小官僚,你不是到这里指手划脚的。事情越干越虚心,越明白你不了解的还有很多。有了这些经验和底子,做行政工作就知道在哪里发力,而不是花里胡哨做无用功,不是让大家填一堆表格,应该急大家所急,解决大家的问题。当然有的解决了,有的没解决。先说没解决的,也是做了很大努力。当时我们想统一全国的考古发掘田野补助,但各地的办法都不一样,我们跑了很多地方做调研,发现没有全国统一的标准,但也起了一个促进作用,让各省确定了自己的标准。也干成了一件事，到现在还在发挥作用。80年代后期咱们国家经济发展，一些大工程兴起了，修公路、高速公路、铁路、挖油田等，配合基建的规模很大，按《文物法》规定，这个钱应该从建设单位出，但建设单位要求提供一个标准，没有标准无法报账，就不能出钱。我们觉得这是个重大问题，于是请了些一线的同事，尤其是河南、陕西等工地较多的省份。由于多年和工地接触的实践经验，我们比较快地拿出了一个配合建设收费标准，我们的标准没有按照绝对值定人民币，这个方法现在看是很有先见之明的。当时我们是按照劳动力规模来定价的，不管时间如何推移，看你花了多少个工就行。按照当时当地国家用工标准，工价上涨收费也随之上涨。这个文件当时由国家文物局、文化部征得了国家计委、物价局、财政部的意见会签，1990年公布，到现在还在使用，后来我们很多考古所能够成长起来都得益于此。

黄　珊：您调任到博物馆系统工作之后，是如何实施从发掘到展览的联接的？

李　季：文物系统的干部是互相流动的，叫轮岗，这种流动有时候让我很纠结。在我没走入博物馆的时候，觉得博物馆是对头，当时只有河南、河北几个文物大省有独立的考古所，其他考古所多数设在博物馆里面。那时候我们觉得考古事业在各地要发展，考古所应该独立出来，于是我们到各地游说，很多博物馆馆长也是考古出身，很理解这一点，所以后来各省考古所都陆续地独立或者半独立出来了。我觉得在一定历史时期内，独立的考古所对考古事业的发展还是起到了积极的作用。但是在考古所和博物馆之间有天然的矛盾，譬如说发掘品的移交问题、对公众传播的问题等。

我来到博物馆岗位首先去的是中国历史博物馆，它应该是和考古关系最密切的博物馆之一,因为要讲述中国历史,考古发掘品占有非常大的部分,离不开考古。中国历史博物馆主要的业务骨干都是学考古的,很早就有考古部,在全国最早形成考古陆、海、空三军(田野考古、水下考古、航空遥感考古)。这让我感觉特别亲切,虽然进了馆,但是没离开考古这一行,这个过渡比较自然。但也有角色转换,在做考古的时候,学术上的主要目标是出报告和学术论文。到了博物馆以后反观之,考古有自己的一套编码系统,它和历史学之间有一个跨越,历史和公众之间本来还有一个跨越。所以如何把故事讲好,把你知道的东西说清楚,可能是对进入博物馆的考古人最大的一个挑战。考古本身挖出的坛坛罐罐,观众最多关注它是干什么用的,什么做的,如果背后没有故事,它就永远只是坛坛罐罐;告诉观众这背后的故事,我觉得是一种更新的挑战。为了迎接这个挑战,首先要吃透考古材料,不能有硬伤,这是衡量一个博物馆当家人、业务骨干的底线。年代、文化性质等问题,对于考古人来说基本没有问题;然而往下走能说得多通俗,是非常大的一个难题。做了展览以后我才发现,很小的细节里都有大学问。考古人希望要素说得越清楚越好,但做展览的人认为说明牌不能喧宾夺主,那说明的内容怎么办呢?所以后来我们决定跳出展厅,出一些通俗读物,当时给大家编的《文物中国史》《文物小博士》,以通史编年,其实就是以考古发掘成果为基础的通俗读物。我自己还写了一本关于中国文明起源探索的通俗读物《千秋索隐百年寻觅——中国文明的起源》,做了才发现,做通俗的东西难度不比纯学术低,这个挑战相当地大。我看现在很多同行,包括非常年轻的同事,都在接受这个挑战,也取得了很多成果。博物馆要做一个好的展览,必须要有这些辅助读物,到了博物馆以后我就感受到通俗的重要。

说起来我也赶上了好时候，在历博工作期间，国家的博物馆事业大发展，终于有经费做专题展览。在这以前历博只有一个通史陈列，一展就是好多年，导致大家失去新鲜感，几乎是门可罗雀。后来我们走出国门，才了解到西方的博物馆除了常设展览之外，总是有不断变化的新展览，任何时候去，总有没看过的展览。当时我们就策划了两个系列：一个是世界文明系列，例如希腊、罗马等，很多地方的文物大家都没见过，看过和没看过实物区别还是很大的；还有一个是边疆文明系列，现在还引以为荣的，譬如和内蒙古合作的"契丹王朝——内蒙古辽代文物精品展"、和新疆合作的"天山·古道·东西风——新疆丝绸之路文物特展"、和西藏合作的"金色宝藏——西藏历史文物特展"，还有滇文化的青铜器展等。我们发现，以前不是观众不感兴趣，而是展览做得不够好。

　　那么是不是展览做得好，观众就一定来呢？还不是。我有两个特别鲜明的例子。2000年前后我们做了两个特别好的展览，一个是"盛世重光——山东青州龙兴寺出土佛教造像展"，那批文物第一次离开原出土地在北京露面，从陈列的形式设计到布光等细节，我们都花费了许多心血，而且那批东西确实特别好，很多人来了就不走，泡在展厅。但整体来说观众很少，而且主要是专业人员。与它几乎同时的是和敦煌研究院副院长罗华庆先生一起具体操作的"敦煌艺术大展"，为了方便布展，真正的定级文物很少，主要是几个模拟洞窟，当然模拟洞窟的壁画是当年的老前辈临摹的，包括段文杰先生等，也是文物级别的了，但总的来说是一个面向大众的展览。这是我在历博工作以来第一次有人找我要票，排队的人排到天安门广场去了，后来我们总结：好酒也怕巷子深。"敦煌"这两个字就是广告的品牌价值，在北京能看到敦煌，这就够了。但是前一个展览，大家会问："青州在哪里?是青岛吗?龙兴寺没听过,什么叫佛教造像啊?"怎样让一般人有兴趣来看,是个难点。这两个展览让我们很受启发,此后我们在做展览前期宣传的时候,十分重视抓住亮点。后来故宫和上海博物馆合作了一个非常高端的书画展——"晋唐宋元书画展",是咬牙把眼珠子一样珍贵的展品拿出来了,应该说件件珍品,在上海非常轰动,有人半夜排队,就为看《清明上河图》。博物馆的工作是一层一层的道路,首先是把考古的故事说好,然后好故事也要传播,让人知道。我刚到博物馆的时候没有做广告的,现在我们尝试做,在地铁、公交站、公交车身、民航飞机杂志上投放广告,很多人惊叹:居然看见搞考古的也做广告!这是由于我们体会到了传播的重要性。

黄　珊: 近年新成立的故宫博物院考古研究所引起了大家的广泛关注,您能谈谈故宫考古所成立的背景和宗旨吗?

李　季: 我到故宫工作时,曾经开玩笑说,自己的专长是探索古代文明起源,而工作的地方是中国古代文明的结尾,倒是从头干到尾了。当然作为中国农业文明的最后阶段、中国手工业社会的结尾,故宫是集大成者,如果我们从考古的角度来重新思索,可能比之现在已有的清史研究、明史研究、宫廷史研究和纯粹的古建研究,会有不同的视角。即使不成立考古所,考古本身的学术方法在故宫也是有用武之地的。第二个方面,考古学为故宫的藏品提供了不同的研究途径,对于故宫的经典藏品,特别是玉器、青铜器、陶瓷器和一些宗教用品,用考古的方法进行再研究实际上非常必要。

在这个大的前提下,这几年故宫成立了研究院,强调学术建院,很多先生,包括张忠培先生和现在的院长单霁翔先生,都特别支持故宫成立考古所。随着故宫考古所的成立,我们首先要想自己要干什么,北京这么多研究单位,当然首推社科院考古所,还有老牌的北京

到宿白先生家中拜访（2012 年 9 月）

左起：李季、张忠培、宿白、单霁翔

市文研所,另外还有各大学考古学专业等。我觉得故宫要有自己的特色和定位,另辟蹊径,有自己的长处。我们最初的定位在中国文明从产生、形成到发展、变化这个宏观课题底下,通过故宫本身的实力研究其特点,从而找到规律性的东西。

黄　珊: 能否具体介绍一下故宫考古的学术方向和内容?

李　季: 故宫考古有三个主要的学术方向。

一个是与宫廷、宫殿有关的考古发掘和考古资料的收集。故宫以及与它同时期的圆明园、承德避暑山庄,还有一些陵寝建筑、园林的汇编和整理,会是我们的长项,和别人也不冲突。还有一点,故宫作为对外开放的单位,为了正常的保卫和开放,每年其实有许多经过批准的工程,比如说我们在慈宁花园东侧挖电缆沟的时候,发现早期宫殿基础,我们按考古发掘项目正式申报,按照考古规程布方发掘,发现过去这里是一个宫殿,这是文献没有记载的。而且宫殿的建法按照考古的方法可以倒过来复原,发现了处理软弱地基的方法,有助于我们理解经历了这么多次大地震故宫的建筑大部分安然无恙的原因,如果不用考古学的方法,许多信息就都忽略掉了。当然在故宫里考古,和其他城市考古一样,都需要耐性。我特别佩服社科院考古所做大遗址考古,比如考古所的唐城队、汉城队、邺城队等,觉得他们非常值得尊敬。现在还有人提出故宫是否适合动土,我们的原则是只配合基本建设,不主动发掘。我们用现代的全站仪和地理坐标系统,精确地作图,这实际上是一个非常漫长的拼图游戏。这可能需要很长时间,也许需要几代人的时间,我们做的就是一个积累。我们发现故宫的很多工程做法与圆明园、清东陵西陵,都有异同之处,这在学术上很有探索意义。

另一个是故宫形成的古陶瓷研究。故宫有最丰富的中国古陶瓷藏品,共35万余件,绝大多数是官窑。要指出的一点是,故宫陶瓷的研究对象远不止于此。20世纪五六十年代,已故的陈万里先生、冯先铭先生,以及耿宝昌先生、李辉柄先生等,非常具有远见,在当时那么艰苦的条件下,他们用考古学的方法对全国的古窑址进行了调查,采集了大量的瓷片,并对窑址的保存状况进行了记录,这批材料现在看来极其珍贵。现在延禧宫展出的数千片瓷片和窑神碑的拓片等珍贵文物就是其中的一部分,故宫古陶瓷研究有很好的考古学研究基础。后来的故宫学者对陶瓷器的研究也是用考古学的方法,和各地合作进行的古陶瓷窑址的发掘研究一直没停止过,我们将这作为故宫考古所的主要发展方向。此外我们还有一个特别的优势:古陶瓷科技实验室,同时也是国家文物局古陶瓷研究基地。拥有藏品、专家、技术、历史积累等几个先天条件,使我们有条件更好地进行工作,这是成立的时候定下的方针。

第三个大的方面,就是用考古学方法对故宫已有的100多万件藏品进行再梳理、再研究。一件文物的价值和你对它的认识是成正比的,很多玉器纯粹从古玩的角度讲,只能说玉质光润、造型优美、刀功了得;但从考古学的角度,放在已知的考古学文化框架下考察,可能会获得更广阔的背景和更深的学术意义。我们设置了一些课题准备这样做。

总体来说故宫的考古所在院内本身人数并不多,但院内很多业务部门都是它的某种成员,比方说故宫的宫殿考古根本离不开古建部,古建部和我们并肩作战,我们的条件可以说是得天独厚。另外故宫本身就有一个强大的文物保护科技部,发掘时随时在旁边监护,我们也放心。近年我们在故宫发现一个垃圾坑,主要掩埋的是打碎的陶瓷器、玉器、造办处制作玉器的下脚料、藏传佛教的嘎巴拉碗等,譬

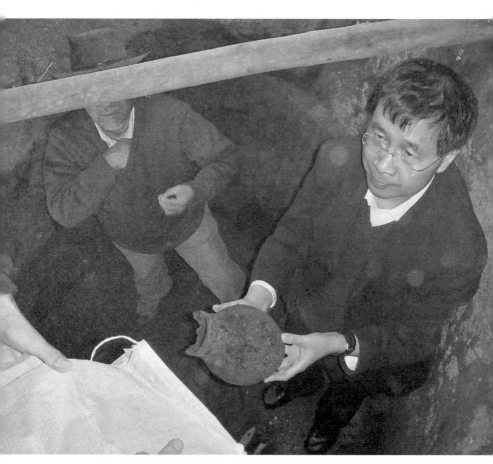

考察厄瓜多尔的一处考古工地(2008 年 10 月)

如发现的嘎巴拉碗上有藏文,我们藏传佛教中心的专家们马上就能过来释读。所以我们拥有一个很强大的学术平台。我特别想说的是,对于社会上,我们也想做一个开放的平台,我们与河南、山东、江西都已经有不同形式的合作,也准备和大学等开展合作,包括在国外,我们也开展了一些工作。最近我们的陶瓷考古专家王光尧在印度西南部港口遗址参加了发掘,收获很大,我们从古代官窑陶瓷这一个领域就可以拓展到更多重要的领域。考古工作的重要性不仅仅在于发掘本身,也在于成果和学术交流能培养一部分人。其实在博物馆的时候我就有这个体会,中国博物馆水平的提高,很大一部分来自中国文物的出国展览。出去的同时也能引入国外展览,而出国就必须遵守国际规则,包括国际运输、国际保险、展览的文本策划等,比培训班还强。考古所在这方面也走在前头,通过更多的国际合作放开视野,在操作过程中使自己的学识和眼界得到提升。

最后还有一点,我1983年有幸参加了南越王墓的发掘工作,很佩服当时的领队麦英豪先生。麦先生他们最早发现这座大墓,明确没被盗,十分不容易。坦率地说,这么大的墓,在很多地方,如果有能力的话,会喜欢自己来做这个工作,但麦先生第一时间报告国家文物局,找到夏鼐先生,明确提出希望夏先生领导组队。夏先生请麦先生担任队长、黄展岳先生担任副队长、黄景略先生也代表国家文物局参加。当时考古所集中了最好的摄影、修复和文物保护力量,比如田野考古的杜玉生,摄影的韩悦、姜言忠,特别是文物修复保护的白荣金先生等人。我一开始参加了西耳室的发掘,白荣金先生是我们这一组的组长。在这个过程中我知道了发掘大墓和我早期的刮层位画剖面没关系,实际上它是考古工程学,考古所的几位先生都是这方面的高手。而夏先生也真是高瞻远瞩,不惜一切成本和代价做好发掘记

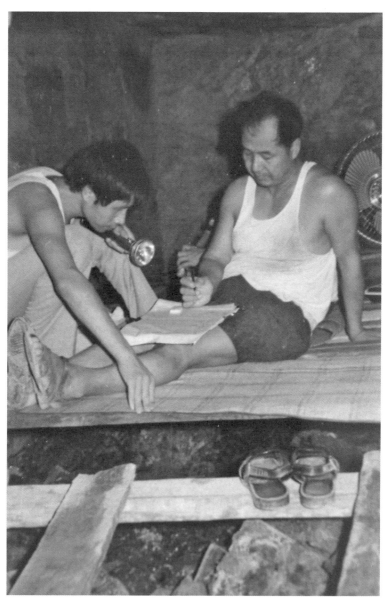

南越王墓西耳室发掘中（1983 年 8 月）
左起：李季、白荣金

录。除了照常规的黑白片、彩色负片和彩色反转片以外,当时刚有录像不久,就调了广东的录像师进行录像,尤其是还照了彩色胶片,用的是当时最好的伊斯曼—柯达胶片,这片子好到在广东无法冲洗,要每天搭乘民航航班到北京八一电影制片厂冲洗,每次重大遗物的提取都要等那边来信,样片冲出来,而且拍摄无误,才能往下做。现在博物馆的展示已经由胶片转成数字了,当时高质量的记录功不可没。麦先生非常有远见地找了考古所,因为考古所的技术力量在当时是远远领先的。今天我们来看,一定要站在很高的高度看待问题,在一个项目之下,各展所能,相得益彰,互相成就,一定能有成果。

黄　珊:谢谢您接受中国考古网的采访!

(原文于 2015 年 1 月 16 日发表于中国考古网,经作者修订。)

李文杰

李文杰先生(2012年5月16日北京大学张浩达教授拍摄)

简　介

李文杰,1935 年 11 月 8 日出生,浙江缙云县人。1960 年毕业于北京大学历史系考古专业,1987 年 7 月以前在中国社会科学院考古研究所工作,之后调到中国历史博物馆考古部工作,现为中国国家博物馆研究员。

从 1980 年开始研究中国古代制陶技术,至 2018 年已发表考古发掘报告和论文 67 篇,其中代表作是《中国古代制陶工艺研究》《中国古代制陶工程技术史》,系统地总结了黄河流域、长江流域等地区新石器时代早期至清代制陶技术的主要成就,创建了中国特色制陶技术考古学。从 1979 年发掘湖北枝江关庙山遗址Ⅳ区开始研究红烧土建筑技术,1980 年发掘Ⅴ区时发现多座红烧土房屋,2017 年创建了中国特色红烧土建筑考古学,系统地论述了大溪文化红烧土房屋建筑的特征、建筑形式、工程做法、部分成因、分期和内涵、聚落形态等。

如何创建制陶技术考古学

——李文杰先生访谈录

采访者：马一博

马一博：李先生您好,感谢您接受中国考古网的采访。首先请您谈谈您是如何走上考古之路的。

李文杰：起因非常简单。1955 年 9 月,我考上北京大学历史系,起初在历史系一年级一班。大学二年级时开始分专业,历史系决定 1955 级一、二班为历史专业,三班为考古专业。考古学家尹达先生为我们做了专业介绍,他说考古工作的特点是脑力劳动与体力劳动相结合。我觉得这非常符合我的要求,我来自农村,是放牛娃出身,与这个专业的特点结合得非常紧密。因此,我没有犹豫就主动要求调入考古专业,从一班转到三班。前两年学习中国历史、世界历史、考古学文化等书本知识,由此开启了我的考古生涯。

马一博：您在北大学习考古之后,是否觉得这个专业与自己的想象有不同之处？在这段时间内收获了什么宝贵的知识？

李文杰：我没有觉得与想象中有什么不同,反而切实地觉得考古学正如尹达先生所说的,特点是脑力劳动与体力劳动相结合。我们全班的田野考古实习,从 1959 年秋至 1960 年 3 月,在河南洛阳市王湾遗址进行,总辅导老师是邹衡先生。我从他身上学到了很多宝贵的经验和知识,例如运用逻辑推理断定(北朝)文化层性质,利用典型遗迹之间的打破关系(我发掘的 H149 打破 H168)进行分期等。他对于我的考古生涯有很深的影响。

马一博:您在中国社会科学院考古研究所及中国国家博物馆考古部从事田野考古发掘工作多年,发掘过程中有什么趣事?

李文杰:1988 年我在宁夏海原县菜园村发掘的窑洞式房址非常有趣。当时村民正在建造新的窑洞,我做了跟踪调查,实际上相当于自己做了建造窑洞的模拟实验,将考古发掘的窑洞与现代民居窑洞进行对比研究后,首次提出古代和现代建造窑洞都采用"分段分层掘进法"。此项研究成果在 1989 年于长沙召开的中国考古学会第七次年会上发表,引起很大的反响。

马一博:您在研究中国古代陶器制作工艺方面颇有心得,那么您是怎样确定这个研究课题的?

李文杰:1980 年我在湖北枝江关庙山遗址进行考古发掘,我的夫人黄素英在中国社会科学院考古研究所实验室从事化学分析工作。回家后,我们之间除了教育孩子之外就没有什么共同语言了。我开始思考能否将田野发掘与化学分析结合起来,为此,我从关庙山遗址挑选了两大箱出土层位最可靠的陶片运回北京进行化学分析。化学分析对于陶片的厚薄、大小等都有严格要求,经过再次挑选的陶片做了化学分析,其结果后来收录在《枝江关庙山》发掘报告中。但是,化学分析只能得出化学成分数据,如何与田野考古相联系并且解决考古上的问题呢?我开始学习如何理解化学分析数据,并且参与撰写化学分析报告。化学分析数据与田野考古相联系之后,数据就

与夫人黄素英一起研究古代制陶工艺(1996 年 12 月 1 日在北京)

由"死"变"活"了,能够清楚地了解它的意义。在解决上述具体问题的过程中,古代制陶技术研究工作逐步走上正路,即考古与科技相结合之路,并且影响终生。

马一博: 您对于古代陶器渗碳工艺的论述十分精彩,最开始研究这种技术时是出于什么考虑,又采用了怎样的实验方式?

李文杰: 最初从渗碳工艺入手,现在看来较为简单,但在20世纪80年代却是大家都还没有解决的难题。一件陶器为什么会出现上部红色下部黑色的现象?为什么外表呈红色而内壁呈黑色?为什么红黑之间没有明显界线,呈现渐变状态?为什么出土于红烧土中的屈家岭文化陶豆呈红色,出土于地层中的屈家岭文化陶豆却呈灰色或者黑色?当时我认为红烧土中的陶豆是经过复烧变成红色的。为了证实这种观点,我在工地进行了实验:将一件屈家岭文化黑陶豆的圈足分为四瓣,保留对角线的两瓣作对比,将另外两瓣放入火炉中复烧,结果变成红色。将四瓣粘对复原后,红黑之间界线分明。复烧变色体现了与渗碳工艺相对应的脱碳工艺。

考虑到陶器在窑内进行渗碳时,由于窑内充满黑烟,不可能出现上红下黑、外红内黑的状态,我提出一个新概念——窑外渗碳。换言之,将陶器的渗碳工艺分为两种:窑内渗碳和窑外渗碳。渗碳工艺是制陶技术研究中一个很小的问题,却是我从事制陶技术研究的起点。

马一博: 通过研究,您认为中国史前时期南北方的渗碳工艺有什么区别?

李文杰: 南北方的区别是很大的。南北方的自然环境不同、文化传统不同、人们的生活习惯不同,反映在制陶工艺上也有差异。例如,窑外渗碳这一工艺在南方的大溪文化中多有发现,但是在北方的仰韶文化中就很少见。

马一博:您的制陶工艺研究的范围是怎样扩展的?

李文杰:在考古所期间,我对大溪文化制陶工艺的研究逐步深入。除了关庙山遗址外,还前往湖南、四川等地考察,对大溪文化分布范围内的陶器都进行了考察和研究,做到点面结合,点要深入钻研,面要广泛搜寻。在《大溪文化的制陶工艺》一文中系统地介绍了大溪文化的泥质陶、夹炭陶、夹蚌陶、夹砂陶以及制法、红陶、彩陶、白陶、灰陶、渗碳等。

1987年我调到中国历史博物馆考古部工作,遵照俞伟超馆长的指示,从1989年开始不再从事田野发掘,而是集中力量进行制陶技术研究,前往山西、湖南、江苏、甘肃、宁夏、陕西等地考察陶器,扩大了视野,搜集了大量第一手资料。1993年邹衡先生和我都在山西曲沃县、翼城县天马—曲村发掘工地,他对制陶技术极其重视,问我:"研究制陶工艺的关键是什么?"我说:"关键是要从出土实物上找到证据,尤其是要找到成型方法的证据。"他说:"要以事实为依据,关键是要找到证据。"上述谈话内涵深刻,终生难忘。

马一博:您觉得制陶技术研究中最难解决的问题是什么?

李文杰:制陶工艺流程中的工序有原料制备、坯体成型、坯体修整、坯体装饰、陶器烧制、烧后彩绘,它们大体上可分为制作与烧制两个阶段。在制作阶段中最难解决的问题是坯体成型工艺。因此,我在"史前陶器:技术与社会(屈家岭·2018)"学术研讨会上,围绕成型工艺讲了八个热点问题。

马一博:您在学术研讨会上所讲的八个热点问题分别是什么,能扼要阐释一下吗?

　　与贵州省文物考古研究所梁太鹤研究员一起研究赫章可乐出土夜郎
时期陶器(2004 年 6 月 4 日在北京)

李文杰：古代制陶技术研究中有八个热点问题,怎么样划清手制、轮制、模制三类成型方法的界限,是解开热点问题的突破口。研究古代制陶技术要以出土实物上遗留的痕迹和现象为依据,关键是要找到证据,尤其是成型方法的证据。成型方法是指将泥料制作成坯体,达到所需形状的工艺过程和方法,中国古代陶器的成型方法有手制、轮制、模制三类。手制出现于新石器时代早期,轮制出现于新石器时代晚期,模制出现于铜石并用时代早期。轮制和模制都是由手制演变而来的,三者之间既有"血缘"关系,又有明显界限。

我讲的第一个热点问题,什么是快轮制陶的直接证据?快轮制陶的直接证据只有两种:第一种,"螺旋式拉坯指痕";第二种,"麻花状扭转皱纹"。至于偏心涡纹有时在手制坯体外底也可以看到,因此不能作为快轮制陶的直接证据,只能作为旁证。

第二个热点问题,怎样区别慢轮修整与快轮慢用修整?两种修整的痕迹都是细密轮纹,但是,所用陶轮的构造和功能不同。例如北魏的慢轮装置(见《中国古代制陶工程技术史》图 10－9),由于整个车筒的内壁直接与车桩接触,摩擦力较大,轮盘的转速慢,只能用于慢轮修整,不能用于拉坯成型。唐代的快轮装置(见《中国古代制陶工程技术史》图 11－3),由于车筒与车轴之间只通过轴顶碗和荡箍发生小面积接触,摩擦力降到最小,轮盘能快速旋转。快轮可以两用:快速旋转时用于拉坯成型,慢速旋转时用于修整坯体。至于先用泥条筑成、后经慢轮修整的坯体仍属手制范畴,轮制仅就快轮拉坯成型而言。将慢轮修整和快轮拉坯统称为轮制是错误的,错在混淆成型方法界限。

第三个热点问题,什么是手制与轮制"混合现象"的原因?有学者说在同一件陶器上有泥条痕迹与拉坯痕迹"混合现象",称之为"泥条拉坯"。这种现象应属轮制范畴,好比原始瓷应属瓷器范畴。

但有两个问题：一是制陶者已经有拉坯成型的技能，何必还要经过泥条这个中间环节？因为这是原始的不成熟的拉坯成型，恰好说明轮制是由手制演变而来的。二是泥条筑成适宜的含水量为20%—22%，拉坯成型适宜的含水量为25%—26%，二者相差悬殊，必有矛盾，并用的办法是在泥条上补水软化，然后拉坯成型。

第四个热点问题，黄河流域快轮制陶技术发展不平衡的原因是什么？造成这种现象的原因有两个：第一，受到快轮制陶"技术传播"规律的影响，这是内因。快轮制陶技术可以传播，如同能量可以传递。在铜石并用时代晚期，黄河下游地区是快轮制陶技术的发源地，好比地震的"震源"，震动最大；中游地区快轮制陶技术逐渐变弱，好比震波逐渐减弱；上游地区迄今为止未见轮制陶器，好比震波已经消失。第二，受到"技术思想"的影响，这是外因。"技术思想"是指人在进行技术活动时的逻辑思维、设计理念和贯穿始终的主导思想，外因通过内因起作用。

第五个热点问题，内模制法的证据是什么？内模制法出现于铜石并用时代早期，沿用至夏商时代。袋足器的器身为手制成型，而袋足采用内模制法成型，证据有四种：第一种，袋足内壁平整，是素面内模的印痕。有的器物，其袋足内壁既有素面的内模印痕，又有泥条缝隙，恰好说明模制是由手制演变而来的。第二种，袋足内壁有反篮纹（阴纹），是篮纹（阳纹）内模的印痕。第三种，袋足内壁有反绳纹（阳纹），是绳纹（阴纹）内模的印痕。第四种，袋足内壁布满排列整齐、略有间距的麻点纹（阴纹），是从内模的凸点纹（阳纹）上一次性翻印下来的；器身内壁布满错乱而密集的麻点纹（阴纹），麻点之间有打破关系，是从陶垫的凸点纹（阳纹）上多次翻印下来的。袋足与器身麻点纹的差异，显示出模制与手制两种成型方法的界限。

1   2

唐代全绞胎釉陶器

1. 全绞胎釉陶碗(吉林和龙县八家子镇北大村渤海国墓地出土)
2. 全绞胎釉陶带盖盂(西安市东郊韩森寨出土)

第六个热点问题，全绞胎釉陶的特殊性和秘密是什么？在做模拟实验的过程中，全绞胎釉陶是最难解决的问题。绞胎坯体既不是轮制法和手制法成型，也不是常规模制法成型，而是采用"绞胎模制法"成型。

特殊性如下：第一，绞是把两股以上条状物扭在一起，胎是某些器物的坯。第二，"全绞胎"只有一层胎，从外表经过胎心至内壁的层理相通，因而纹理也相通。第三，将红黏土、白黏土先制成复合泥片，再切割成复合泥条为制坯的前提。第四，以模具为依托，将复合泥条的侧面置于内模的外表或外模的内壁，才能形成全绞胎。

秘密在于矛盾和两面性突出：一面由于采用绞胎和模制工艺，所产生的天然纹理美观而高雅；另一面由于容易开裂，废品率高，因此成为珍贵而稀少的品种。红、白两种泥片的差异很大是产生矛盾和两面性的根源。差异表现在：含铁量相差悬殊，红、白颜色对比鲜明，因而美观；颗粒粗细不一，吸水率不一，干燥收缩率和烧成收缩率也不一，因而容易开裂。模拟实验的过程就是揭开两面性、寻求矛盾双方契合点的过程，矛盾解决了，美观而高雅的全绞胎釉陶也就仿制成功了。为此，我写了一篇文章：《模拟实验揭开全绞胎釉陶的秘密》，如实报道了模拟实验的路径。

第七个热点问题，印纹硬陶技术的特殊性是什么？印纹硬陶是夏代至汉代陶器中的特殊品种，分布于南方各地。其特殊性如下：第一，制陶原料是高硅质黏土。第二，泥料的可塑性范围狭窄，只发生在含水量为19%—22%的范围内，不能拉坯成型，只好采用泥条筑成法成型。第三，泥条筑成的坯体，必须经过认真地拍打或滚压整形，才能防止开裂；同时产生拍印或滚印的纹饰（多呈几何形），兼有装饰作用。第四，坯体的耐火度高是内因，在窑温较高的陶窑，尤其

全绞胎釉陶盂仿制品

1—3. 仿：502(器盖仰视、带盖盂侧视、盂侧视)

4—6. 仿：498(器盖仰视、带盖盂侧视、盂侧视)

是平焰窑内烧制是外因,外因通过内因起作用,成为烧成温度高、质地坚硬的印纹硬陶。

第八个热点问题,研究古代制陶技术的方法是什么?我常用三种方法:一是考察实物与模拟实验相结合,二是多学科思维,三是灵活运用毛泽东哲学思想。

马一博:您在湖北郧县青龙泉、宜都红花套、枝江关庙山从事考古工作共达 14 年之久,这次回到湖北参加学术研讨会,有什么感受?

李文杰:在会议上发言的学者对陶器的原料产地、文化交流、制陶技术与社会的关系、中国与外国制陶技术的比较等方面均有涉及。尤其是青年学者对这些问题的研究非常重视,并且利用科技手段进行检测,来配合研究。他们对新鲜事物最敏感,思路更开阔,对古代制陶技术研究有非常好的促进作用。我看到,自己从事的研究课题由当初的冷门变为现在的热门,后继有人,非常高兴;我感受到,经常与青年学者交流观点,自己也显得年轻了,可以增强思想活力和学术活力,因此我很愿意跟他们交往;我是从研究湖北大溪文化和屈家岭文化起家的,转了大半个中国之后又回到湖北,有回到第二故乡的感觉,格外亲切,我带着感激的心情,写了一篇文章:《史前陶器:技术与社会(屈家岭·2018)学术研讨会的收获》,以报答第二故乡。

马一博:您的两部代表作《中国古代制陶工艺研究》和《中国古代制陶工程技术史》从不同角度对古代制陶技术进行了研究,造诣很高,那么,您研究古代制陶技术的目标究竟是什么?

李文杰:我进行渗碳工艺模拟实验,走出了研究制陶技术的第一步,其后不断拓展研究范围,上起新石器时代早期,下至清代,涉及大半个中国,包括整个制陶工艺流程,目标是创建中国特色制陶技术考古学。《中国古代制陶工艺研究》实际上是一部论文集，以文化或遗址为单位，由多篇独立的文章聚集而成，处于创建制陶技术考古学的初级阶段。《中国古代制陶工程技术史》将丰富的研究成果进行梳理和整合，达到系统化、规范化的程度，形成真正意义上的专著，以时代先后分章，以工艺流程分节加以论述，处于创建制陶技术考古学的高级阶段。由初级发展到高级，合乎科学研究规律。两个阶段的共同点在于：研究对象都是中国古代陶器，研究方法都是从中国国情出发，在中国理论指导下进行研究，土生土长，充满中国特色。当然，《中国古代制陶工程技术史》还有不足之处，需要后继的考古工作者不断地补充、更新和完善。我希望年轻学者能在现有的基础上达到更高的水平，青出于蓝而胜于蓝。

马一博：您对今后中国古代制陶技术研究有什么建议？

李文杰：根据30多年来的实践经验，我有四点建议：一是考察实物与模拟实验相结合。以田野考古为基础，以陶器上遗留的痕迹和现象作为研究结论最可靠的证据，以模拟实验作为验证结论的手段，在实验中发现问题、解决问题。二是多学科思维。研究制陶技术除了注重考古发掘资料外，还要有广博的文理知识作为基础，进行跨学科交叉研究。做到这一点非常不容易，我自学了许多物理、化学、制陶工艺学知识，还亲自做了大量模拟实验，取得宝贵的第一手资料，在脑子里，将这些知识融会贯通，形成新的知识体系，用自己的通俗易懂的语言表达出来。我希望大家也能这样做；还希望高校考古专业和文博专业在授课中多提供一些物理、化学方面的选修课程，培养学生的多学科思维。三是连贯起来思索。例如将各道工序连贯起来思索，指明成型工艺、烧制工艺起主导作用，修整工艺处于从属地位。四是保持思想活力和学术活力。不能停滞不前，而要与时俱进，

在《我的考古生涯》出版发布会上讲话（2016 年 11 月 13 日在北京）

根据新的考古发现,提出新概念、新判断和新理论。我在《关于快轮制陶的新概念、新判断和新理论》一文中就是这样做的。在这次学术研讨会上,我提出的"成型方法界限"是新概念;"轮制和模制都是由手制演变而来的,三者之间既有'血缘'关系,又有明显界限"是新观点。而新概念、新观点、新判断和新理论将会引导古代制陶技术研究进入新阶段。

马一博:您退休后又做了哪些研究工作?

李文杰:我 1996 年退休后仍然进行古代制陶技术的研究,发表了多篇文章。带有全局性、总结性的著作都是退休后写成的,可谓"水到渠成"。例如,《中国古代制陶技术》《中国古代制瓷技术》(载入《中国科学技术通史》),《中国古代制陶工程技术史》。此外,还撰写了《我的考古生涯》,这是一部实话实说、科普性质的回忆录,受到社会各界读者欢迎。

马一博:作为一名从事考古工作多年的研究人员,您对考古这个学科的发展有什么期许?

李文杰:我希望考古工作者多看、多想、多写。多看就是多观察出土实物,多想就是多学科思维,多写就是多总结经验。还希望今后每隔数年召开一次"史前陶器:技术与社会"学术研讨会,并且设立专门科研小组,落实到人,长期从事此项研究,取得更大收获。

马一博:谢谢李老师!非常感谢您能接受中国考古网的采访!

(原文于 2018 年 10 月 9 日发表于中国考古网,经作者修订。)

齐东方

内蒙古沙漠考察

简　介

齐东方,1956年3月出生于辽宁省昌图县。1982年获吉林大学历史系学士学位,1984年获北京大学考古系硕士学位,1992年获北京大学考古系博士学位。北大考古系博士毕业后留校任教,现为北京大学考古文博学院教授,博士生导师。

曾获"中国高校人文社会科学研究优秀成果奖"等多项奖励。承担教育部人文社会科学研究规划基金项目重大课题"汉唐陵墓制度研究""边疆考古研究""古代中外关系史:新史料的调查、整理与研究"等。

研究兴趣广泛,包括三国至隋唐时期墓葬制度、中国古代金银器、古代马具、古代玻璃器、丝绸之路考古等方面。主要著作有《唐代金银器研究》《隋唐考古》《唤醒沉睡的王国——尼雅探秘》《波斯和伊斯兰美术》《花舞大唐春》《异宝西来:考古发现的丝绸之路舶来品研究》等。

嗜之愈笃，知之愈明

——齐东方先生访谈录

采访者：张　宸

张　宸：齐老师，您好！首先感谢您能在百忙之中接受中国考古网的采访。先来问一个常规的问题吧，您当年为何选择考古专业呢？那时候的信息交流远不如现在发达，您当时清楚"考古"是什么吗？选择考古是"心向往之"还是"误入其中"？

齐东方：我什么也没想就进来了，因为我是1977年上的大学，在经历了动荡的十年后，当时就是一门心思想读书，至于什么专业什么学校完全没有考虑过。为什么报了考古呢？我不想从事政治，因为政治太复杂，文科里面和政治离得比较远的可能就是考古了，所以就报了。可以说在这之前我对考古一点概念都没有。有很多人问过我无数次这类问题："你是不是小时候特喜欢历史所以才学的考古？"其实根本不是这么回事。而且当时报考的时候也没有招生简章，等到报志愿的时候，报纸上发表了半版每个大学在吉林省的招生情况简介，那个时候我才发现考古的"古"，不是骨头的"骨"，而是古代的"古"。至于学了之后，为什么会坚持呢？因为当时有句口号"干一行爱一行"，这话对我也有影响。再加之上了大学以后求知欲望特别强，看了很多有关考古的书籍以后我发现我喜欢上考古了，考古就是一门你了解得越多就会越喜欢的学科。而且我想不仅仅是我,那个时代好多人都是这种情况。一开始"没得选择",后来却在这条没得选的路上越走越远。

张　宸：有人用"苦并快乐着"形容考古学,也有人说"考古学是门奢侈的学科",您入行三十余年,您心中的考古学是什么样的?

齐东方：挺好玩的,在我看来考古学特别有意思。首先,考古学需要非常严谨、非常严密的逻辑思维;同时,考古又特别浪漫,可以发挥人的想象力。因为我们面对的都是实物,不光要有逻辑思维还要有形象思维,不仅要严谨还要有丰富的想象力。所以我心目中的考古学兼很多学科的特点于一体,这是我理解的考古。你不用功把这些书读过是不行的,你没有严密的逻辑思维也不行,你没有想象力去把破碎的陶片复原成一个完整的陶器也不行。

张　宸：您主要从事汉唐时期考古、历史、文物、美术的教学与研究,尤其在金银器研究上造诣颇深,还同时在三国至隋唐时期墓葬制度研究、古代马具研究、古代玻璃器研究、丝绸之路考古研究等方面多有建树,您的许多观点堪称经典,不少看法走在学科前沿。您认为历史时期考古学的研究,应提倡什么样的研究方法?

齐东方：我对这个方法的理解和别人可能不一样。很多人都希望找到一种方法去解决某一类问题,但我认为什么方法都行,只要能解决问题就是好方法,如果只有一种固定的方法去解决某一学科的问题,那这个学科就僵化了。方法就是一种手段,要达到目的你可以用不同的手段。就跟过河一样,你是愿意游泳过河、走桥过河还是划船过河其实都可以。所以,历史时期考古学的研究,根据每个人的知识结构和兴趣可以采取各式各样的方法。不过说到历史时期考古的

考察山西云冈石窟窟顶遗址

特点还是有的,历史时期和史前最大的不同点就是文献。学历史时期考古学,文献是必备的,所以要多读文献。另一方面,历史时期考古学需要更渊博的知识结构。因为我们面对的研究对象多种多样,比如漆器、瓷器、金银器、墓葬壁画等,可能远比早期要丰富得多,所以知识结构、知识面越宽越好。这也是历史时期考古很重要的一个特点。

张　宸: 您参与发掘了著名的尼雅遗址,也在青藏高原进行过吐蕃墓葬的发掘,在我们看来都是极其难得的经历。您说过"每一次田野考古发掘,甚至是每一次野外考察对我都有影响",能不能跟我们分享一下您印象最为深刻的田野考古调查或者发掘中的故事?

齐东方: 我对每一次出去进行的考古调查和发掘印象都很深刻,因为对我来说都是一次重要的经历。一定要说的话应该就是青海都兰和新疆尼雅的考察。首先地理环境就比较特殊,一个是高原,一个是茫茫沙漠,当时在青海的驻地海拔3 500米,新疆沙漠中缺水,生活上面临的挑战就比较大。再一个这两次考察都有很重要的收获。尤其是尼雅遗址,我们11月份结束发掘,回来以后便开始紧锣密鼓地准备评选十大发现,最后尼雅遗址入选了,这是非常幸运的。一个考古工作者一生会参加很多次考古发掘,能遇到一次重大的考古发现是要靠运气和机遇的,我觉得我能参加尼雅的发掘非常幸运。那次发掘在塔克拉玛干沙漠深处,又有重要的发现,对丝绸之路考古和新疆考古都具有重要的意义。我认为对它的研究至今还没有真正开展起来,因为涉及的东西太多。8座没有被盗的完整墓葬,里面出土的东西非常丰富,比如说丝织品几乎就是一个丝绸博物馆。它包括的种类几乎囊括了当时最高级别的产品,而且我还有幸目睹了"五星出东方利中国"的出土,我自己也拍了照片,见证了八个字一点一点被清理出来。人生如果有这么一段经历,我想几十年以后回想起来也应该是历历在目的。特别有意思的是,这和我的名字还有点关系,因为是中日联合考察队,所以我带了一面国旗入队,我去的第二天就真的"五星出东方"了!尼雅遗址的时代相当于汉晋时期,那个时候流行谶语,所以我感觉挺神奇的,印象非常深刻。其实对考古工作者来说,每到一个地方做工作都会有全新的感受,遇到的都是全新的发现,所以即便有印象很深的田野经历,每一次考古也都会有新的认识。

张　宸:考古发掘往往会与历史名人不期而遇,例如隋炀帝陵和曹操墓等。您对从考古学的角度研究历史名人有怎样的思考?

齐东方:这是一个非常有趣的事,恐怕与早期相比,历史时期考古更易遇到历史名人。我们工作中会遇到一些老百姓耳熟能详的历史人物,比如曹操、隋炀帝;还有一些和历史名人有关的遗迹,比如白居易居住遗址等等。如果考古学能发现一个普通人都知道的历史名人遗迹和遗物会引起整个社会的关注,也能填补原来文献记载的不足和空白。比如研究白居易的人很多,但大多数人研究的都是他的诗词、文学造诣,或者是他的生平,而我们能看到他居住的房子、生活的环境甚至是他生前可能用过的物品。白居易晚年的诗里面讲过很多喝酒和饮茶的事情,茶和酒伴随了他一生,这从他的诗句里可以体现出来。而我们考古则能看到更多活生生的东西,比如他的居址里有酿酒作坊,而且出土了很多茶具,还能反映出他当时喝的是什么样的茶,是一种什么样的饮茶方式。从煎茶到点茶的饮茶风习转变正好发生在白居易那个时代,白居易晚年生活的遗址里就有这些反映饮茶风习的茶具。然后我们再反过来去看白居易的作品,理解就不一样了。我们知道,白居易讲究生活享受,在洛阳有一个大豪宅,可是他却选择在院子里面扎帐篷,还写了很多毡帐诗,这些诗和他的生活联系在一起,是他生活的反映。另外白居易的诗里面还提到了很多丝织品,他在杭州当刺史时买了当地的丝织品送给刘禹锡,刘禹锡回诗表感谢。如果仔细研究白居易的诗会发现,白居易对丝织品的理解不是泛泛的,而是非常深刻的。比如什么是绫、罗、纱,每一种材质的丝织品各有什么特点、适合在什么季节使用,还有丝织品的纹样,他都非常了解。我们如果将考古出土的丝织品和白居易的诗歌内容作比较,就会发现原来白居易是个非常有特色的人。他不仅生活得非常有情趣,还特别注意观察生活的细节。他诗歌里所写的都是他所见、所理解的。

张 宸 当然,"历史不仅仅是帝王将相的家史",普通民众的生活也是重要的组成部分。我注意到您在积极实践"用小说和诗歌证实历史"的研究方法,把野史、小说、考古综合在一起,进行重组,从而走进当时社会最底层人民的日常生活之中。那么在您看来这种研究方法的精髓和意义与传统的史学、考古学研究方法有什么不同呢?

齐东方: 我做学问用现在的话来说是比较"任性"的。我觉得没有应该怎么做或者不应该怎么做,就和我刚刚提到的方法问题一样,我不认为哪一种方法是放之四海而皆准的,方法可以多种多样。做研究目标应该是明确的,要明确去解决什么问题,至于采取的办法则因人而异。笔记、小说、诗歌既然是当时人写的东西那当然要利用,作为我们研究历史人文的一种重要材料。区别就是你怎么用,像诗歌里面就有很多夸张、想象、浪漫主义的东西,你就要从中去找一些有用的东西拿来用。用笔记、小说、诗歌去证史,陈寅恪先生早就开始这么做了。而且对于考古来说这些东西更重要,因为它直接反映了当时的生活。正史里面我们读到的更多的是有关帝王将相的史

参观伊朗德黑兰博物馆

实，还有制度的东西，对于生活的描述很少，起码和笔记、小说、诗歌比起来要少得多。所以在我看来，正史、笔记小说、考古材料放在一起才能够复原一个社会的真实面貌。考古材料恰恰是人们生活中最常见的，考古材料和文献最大的区别是什么呢？文献记载的我们中国的文化史观是一种"官文化"，对下层人的描述非常少。可是考古发现就不一样了，不光富人死了要埋葬，穷人死了照样也要埋，由此可以看到普通下层人的一种生活，而普通下层人的生活才是一个社会最基本的面貌。高级贵族太有个性了，并不具有普遍性。很多正史里所描述的历史实际是精英社会的一个缩影，是首都的历史。考古则不一样，考古讲分区，平民下层、边远地区都有考古发现。所以在我看来，不管是笔记、小说，还是诗歌等，能用的材料都可以用，不要拘泥。

张　宸：各类文物是考古发现的大宗，考古学家可以说时时刻刻都在与文物打交道。您可否与我们分享一下您"阅读"文物的基本思路，您认为怎样研究才能达到透物见人的境界？

齐东方：任何人都没有"特异功能"，所以考古学有时候需要一种想象。你看到这个器物时去想象当时人们的一种生活状态，但这也有一个前提，前提就是你要对这件器物本身有一定理解。为什么我有时候用一个词——"读器物"呢？你从口沿开始往下看，一点点往下看，再看看纹样，看的时间长了你就会对它了解得特别细。不光要透物见人，还要透物见社会。你看一件器物、看一批器物、看一个时代的器物，到最后你看多了就会产生一种自然而然的联想，这种联想就会对这个社会有一种判断或者想象。一件器物的制作方法就代表了当时的一种技术，技术是古人的一种发明创造。纹样则反映了当时人们的思想观念，这种思想观念有的属于意识形态，带有一定的礼仪性;有的则是纯粹的审美观念,代表那个时代的人喜欢什么。所以说"透物见人"是一种比喻,我们研究器物就是要去研究当时的社会和人们的生活,前提是你要观察得细致入微,所以我特别主张学生去画图。现在我们画图有电脑等各种各样的先进手段,但是我还是提倡手工绘图,因为画图能给你一个最好的训练,就是学会观察。我们的考古绘图不是美术,美术可以形似或神似,考古绘图往往就介于工业制图和美术两者之间,我们既要有神似,还必须要形似,形似就是仔细观察所得来的。你通过画图可以知道服饰纹样的变化,知道铠甲的变化。只要仔细画了,你的理解就会不一样。关键不在于你画得有多好,不在于结果,而在于画图的过程、观察的过程。还有就是只画一件是没有意义的,要画一批、一个时代,画得多了那你的理解就更不一样了,所以我就建议我的学生多画。

张　宸:近年您还比较关心水下考古学的发展,您对这门新兴的分支学科有何看法?

齐东方:水下考古太重要了,我们现在发现的遗迹多是一些墓葬、城址、居住址等等,其实还有一个大块就是沉船,因为古代沉船率很高。到 17 世纪的时候,航海已经很发达了,当时西方一些国家成立东印度公司到中国来贩瓷器,他们的航海记录里有记载当时的沉船率是十分之一,而且东印度公司来往中国有多少船只也是有记载的。如果按照这个比例来算,可以推测海底的沉船数目庞大,况且这只是东印度公司,在这之前肯定还有船只往来。所以水下考古在未来是非常有发展空间的。同时,水下考古也很特殊,它费用高,不仅要打捞沉船,还要对水下考古人员进行潜水等特殊训练。因为费用、训练和技术等原因的限制,过去想做水下考古是很困难的。但是近几年发生了很大变化,经费和技术都跟上了,所以以后水下考古一定

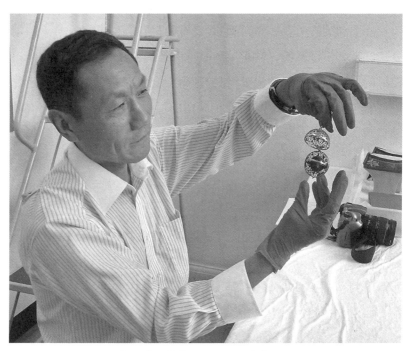
参观英国维多利亚与艾伯特博物馆

会越来越受到重视。而且水下考古所涉及的东西更复杂,它不仅仅是一个国家、一个地区的问题,而是整个世界文化的一种交流,涉及各种各样的材质和器物。

张　宸:您曾去过日本、韩国、美国、法国、以色列、新加坡等多个国家考察、访问、讲学,这些游学经历对您的学术研究有什么影响或启发?

齐东方:有句老话是"读万卷书,行万里路",考古学更应该是这样。考古学本身就是通过实物去研究历史,如果你不去看、不去开阔眼界,那当然是不行的。考古学和其他学科不同的一点也在于它绝对不是一个可以坐在书斋里去做学问的学科。所以你到各个国家去看启发就会很大,因为每一个国家在自己的考古学科上都有自己的特点,技术性的东西特别容易有自己的特色。比方说我到日本和中亚,我看到他们考古学家用的工具都和我们不一样。我们中国的洛阳铲,据我所知没有一个国家在用,如果有用的话也是从我们这里引进去的,倒不是说它有多么高级,而是每个国家根据自己的实际情况就会使用不同的工具,然后就这么一直流传下来了。日本的学者拿一个钎子往地下一扎凭经验和感觉就能大概知道地下的情况,在我看来这就挺神奇的。他们的手铲和我们的也不一样,而且他们使用的某些工具我们根本没有,比如说一个像密齿梳子一样的画图工具,日本人发明的,现在韩国人也在用。所以到国外去参观、访学对人的启发都特别大。再举个例子,我认为考古学从某种意义上讲是种乡土科学,它和其他学问有个区别。如果学数学或者物理,你在北大当教授你去哈佛应该也能当个教授;但是你如果搞中国考古学,你去外国搞当地的考古学就不行了,因为古代的历史背景和文化是完全不一样的。有一次我在挪威参观博物馆,里面有一艘大船,船上有很多东西，我当时以为就是个沉船，它的时代正好是6—10世纪，和我研究的时间段差不多。虽然我对中国6—10世纪的东西很熟悉，可是一看挪威的东西感觉一无所知。一个考古学家到了国外，看到同样是自己所熟悉的时间段的文物一点反应都没有。我以为是沉船，人家告诉我那相当于是个墓葬，类似于酋长、海盗首领死后放在船里然后埋葬起来，船上的花纹和我们中国6—10世纪的样式是完全不一样的。我也在想他们怎么就断定这个船是6—10世纪的呢？当地的考古学家肯定有自己的方法。再比如发掘遗址，我们当时受的训练是5米×5米的探方再留个隔梁，后来我在日本发现，10米×10米人家都不用，直接平面往前推，所以发掘方法并不是固定的。有时候整齐划一的规范可以说是一种束缚，可以有基本的操作方式，但我们的思维不应该被规范限制住。还有一次我和一位中国学者在日本开会，我们看日本当地的论文答辩题目，中国学者就对这个题目表示不解，因为我们总局限在自己的思维模式里面，用固化的思维去考虑这个题目应该怎么做，但你看人家论文的选题就完全不一样，这对我们也是一种启发。所以在我看来，做考古必须要走出去，出国颠覆了许多我过往的看法。考古要成为一种学问，必须要国际化。

张　宸：随着国人对考古的重视、科技的进步以及经费的提升，从技术手段上来看，中国考古学与欧美考古学的差距在逐步缩小，您认为现在我国考古学与欧美等其他国家的考古学还有什么异同或者发展水平上的差距吗？

齐东方：肯定还是有差距的，因为任何学科都需要历史积淀，中国考古学是从外国传来的，外国的考古学发展时间比较长，而且也没有经历过太大的波折。另一个差别是国外人做考古眼界比我们要开

参观以色列古城遗址

阔。比如我们知道有很多有名的考古学家,都是搞中国考古的外国人,相比之下,懂外国考古的中国人就太少了。而且很多中国人去欧美学习中国考古、中国美术史,却没有英国人来中国学习英国考古学,这就是差距所在。

现在从发展趋势上已经发生转变了,一是现在的学生外语水平过硬,二是我们现在有机会到外国进行考古发掘并和外国一流的大学开展合作项目,与国外的同行相互切磋,比如在中亚、蒙古、非洲等等。以后,中国考古学肯定会更上一个台阶。

张　宸:近些年公共考古逐渐发展成熟,您在第二届"中国公共考古——仰韶论坛"上也作了《梦回大唐》主题演讲,那么在您看来,公共考古的重点应置于何处,如何才能将考古知识更好地向公众普及,公共考古的发展前景又如何呢?

齐东方:我理解的公共考古就是让更多的人了解考古学,这也和考古学本身的特点有关。考古学研究的是我们的祖先,所以每一个人都有权利知道,而且很多人对此也非常感兴趣,因此它不能是一个自我的学科。考古学应该具有和大众的互动性,但是要让百姓去理解考古这种很具有专业性的东西也是很困难的,从我自身的实践来看不比写一篇学术论文简单。能够把一个复杂的问题简单化、把一个抽象的问题具体化,通过生动有趣的语言让大众去了解你所擅长的专业知识是需要一定能力的,所以不能要求所有学者都去做公共考古,这要看个人兴趣。不过我认为公共考古还是很有必要的,因为考古发现的遗迹、遗物本来就具有展示性,独乐乐不如众乐乐。比如一件瓷器,从审美的角度来看大家都会觉得它很美,但学考古你就会讲出它的历史价值、科技价值,让大众去了解一件文物除了审美以外的其他价值是很有必要的。

在意大利拉文纳大学讲座

张　宸：据我们了解,您在学习、工作之余还经常会参加爬山、长跑、徒步等活动,甚至可以称得上是资深驴友,那这些户外运动又给了您怎样的体验,对您研究和治学有没有特殊的意义?

齐东方：这只是一种个人爱好,我不愿意在钢筋水泥的城市里待着,所以一有空我就喜欢出去。一见到山水、田野心里就高兴,到了一定的海拔高度你就会看到不一样的东西。而且去户外爬山可以帮助我思考问题,与其憋在屋子里思考为什么不到野外面对大自然去思考呢?我喜欢从事有趣的研究,也喜欢在大自然的怀抱中放浪形骸,这是我个人的学、玩风格。况且运动的时候特别放松,有时候还真能把复杂的问题想明白。有种说法我非常赞同:"以一种劳动代替另一种劳动是积极的休息。"有时候运动完以后身体内积聚的压力得到释放,再工作写文章就会有文思泉涌的感觉。很多人可能都有一篇文章写不下去的时候,我建议可以去跑跑步出出汗,运动完了洗个澡再坐下写文章,一定会有不一样的效果,有时候我的好文章就是这么出来的。

张　宸：作为一名资深考古人,对考古学学科的发展以及年轻的后辈考古学者,您有怎样的期许?

齐东方：我用一个字来形容做考古不知道是否恰当——"玩"。考古很有意思,你会发现别人发现不了的东西,所以你会很有成就感。能找到这种"玩"的感觉就不会觉得累。我希望我的学生能将工作、学习与兴趣结合起来,不要把考古仅仅看成一种谋生的手段,赚钱养家糊口这是必须的,但更多的要把它作为一种乐趣。如果你现在在学考古但还没有找到乐趣,那就别干了,可以转专业。再退一步来说,你也可以尽量去培养一种兴趣,主动地去喜欢考古。就像外人总是说我们干考古太辛苦,天天下田野。苦确实有,比如说在沙漠、高原、边远地区发掘,但是反过来想想这艰苦的机会还不是人人都有呢,有多少人想去亲身参与发掘却没有机会。我想这就是考古本身的魅力、吸引力所在。

张　宸:是啊,亲眼见证历史、亲手探索未知的文明,考古的确是一门有魅力的学科! 最后再次感谢您能接受中国考古网的采访,谢谢!

感谢北京大学考古文博学院博士范佳楠、刘婷对本次采访的协助和支持!

（原文于 2015 年 10 月 23 日发表于中国考古网,经作者修订。）

王吉怀

在尉迟寺发掘现场(2003 年)

简　介

　　王吉怀,1952 年 6 月出生于山东枣庄,1978 年毕业于山东大学历史系考古专业,中国社会科学院考古研究所研究员。

　　多年从事黄河流域及黄淮地区新石器时代考古调查、发掘与研究工作。1994、1995 年主持发掘的安徽蒙城尉迟寺史前大型聚落遗址,确立了大汶口文化新的地方类型,被学术界誉为"中国原始第一村",获得国家文物局颁发的优秀工地三等奖。2007—2010 年,主持发掘的安徽蚌埠禹会村大型礼仪性建筑基址,确立了龙山文化新的地方类型,被学术界定为"禹会诸侯"之地。业绩已载入《中国当代历史学学者辞典》《中国专家人名辞典》《中华骄子·专业人才卷》《世界优秀专家人才名典》《中国人才辞典》《中国世纪英才荟萃》《二十一世纪杰出专家》等书。

　　主要著作有《师赵村与西山坪》《蒙城尉迟寺》《中国远古暨三代宗教史》《禹人絮语——考古随笔集》《黄河流域新石器时代渔猎经济的考察》《论黄河流域前期新石器文化的文化特征和时代特征》等百余篇(部),300 余万字。

溯源黄淮文化，探索文明进程

——王吉怀先生访谈录

采访者：孙　丹

孙　丹：王老师您好！感谢您接受中国考古网的采访！您在考古一线工作已经三十余年，您当初如何走上考古学研究的道路？您能谈谈数十载的考古发掘与研究中重要的经历及心得体会吗？

王吉怀：我是 1978 年毕业分配到考古所，已经有三十多个年头。说来时间漫长，可今日回首，真是弹指一挥间。说到当初是如何走上考古之路，那完全是属于"被动"接受。我在上大学前当过老师，两年多的教学工作使我对教学产生了兴趣，所以，在报志愿的时候就报了师范类院校，想毕业学成继续教书育人。当拿到录取通知书的时候，上面写的是考古专业。你想啊，如果是现在，很多人都会知道考古是怎么回事，因为国家在重视，社会在关注。而早在 70 年代，哪知道什么考古啊，我周围的人都认为是什么"烤鼓"。当时，连我这个即将学习这门学科的人也说不清楚。就这样，我带着求知的好奇心接受了它。

真正走上考古研究之路，还得从进到考古所算起。1978 年，考古所刚从科学院分离出来，当时研究的范围虽然没有现在广泛，但由夏鼐先生任所长的考古所，可谓是藏龙卧虎。看到老先生们兢兢业业的研究和他们的成果,我深感自己就像一个不懂事的孩子,无从下手,当初在大学学到的理论知识,离实际工作还有很大的距离。多少年来,我就是一步步地从基础的田野发掘开始,慢慢地步入研究的领域。

近些年来,考古进入了好时代,国家对考古工作给予很大的投入,地方政府也非常重视,经费的投入也是一年好过一年。想起20世纪的七八十年代,每当去外地考古,只能从北京到工作地点一条线,想中途下车去看看别的东西都不行,更不敢想专门去某个地方做考察。现在好了,发掘的地方多,学术活动多,相关的学术刊物多,尤其是现在的网络高度发达,研究者可以有充分考察、交流、学习的机会和平台,这无疑会推动考古事业的快速健康发展。

考古是一门实践性很强的学科,有一句话叫"见多识广",最适合用在考古上,从田野调查到发掘,到整理,再到最后的资料集成,每一个环节都必须用心去做,来不了半点的马虎。我这一路走来,感到考古这门学科是干到老学到老。在科学研究的道路上,只有刻苦、勤奋才能有收获,没有捷径可走。

孙　丹:您80年代开始主持发掘甘肃天水西山坪遗址,并编写《师赵村与西山坪》,这两处遗址是渭河上游保存较好、发掘规模较大的史前时期聚落遗址,为研究陇东地区史前文化的发展提供了重要资料。您能谈谈发掘心得以及研究历程吗?

王吉怀:西北地区包括了甘肃和青海大部分地区。陇东地区的师赵村遗址,是我在1984—1985年参与发掘的;而西山坪遗址,是我于1986—1990年,在甘青队老队长谢端琚先生的指导下主持发掘的。从中原转到西北,见到的是一个新的文化现象,需要了解和学习。我认为,作为一个考古工作者,就应该多发掘几个遗址,多看一些东西,才能多掌握一些信息。到时候,你才敢说懂。

位于西北地区的师赵村和西山坪遗址,在学术上具有重要的意义,主要是通过两个遗址的发掘资料,搭起了西北地区(或者说陇东地区)史前文化发展的框架。西山坪遗址有着丰厚的文化内涵,从代表前仰韶文化的大地湾文化(大地湾一期文化)发展到齐家文化,中间有四千余年的历史没有隔断,发展序列完整,拥有在一个遗址中非常罕见的文化叠压现象。应该说,学术界对西北地区古代文化的认识,更多是得益于师赵村和西山坪遗址的考古资料。

早在 1923—1924 年,瑞典人安特生在甘肃青海一带做调查时,搜集了不少珍贵文物,特别是彩陶,并进行了年代的推测。他曾在《甘肃考古记》中,把中国西部的远古文化分为"齐家、仰韶、马厂、辛店、寺洼、沙井"六期。

1944—1954 年,夏鼐先生在甘肃一带又做了大量的考古调查与发掘工作,其重要发现是在齐家文化的墓葬填土中发现了仰韶文化的陶片,给齐家文化晚于仰韶文化提供了有力的证据。在刘家峡水库的调查中,又发现了齐家文化层叠压在甘肃仰韶文化层之上,这样更证明了齐家文化晚于仰韶文化,从而证实了安特生的论点纯属唯心主义的错误论点。

从多年的考古资料来看,黄河上游孕育着丰富的物质文化遗存,是我国原始社会考古的重要地区之一。大地湾文化、仰韶文化、马家窑文化、齐家文化等等,都是黄河上游新石器时代文化的重要组成部分,其中齐家文化也是我国西北地区最早发现铜石并用的考古学文化,这为我们研究西北地区私有制和阶级的形成,提供了十分重要的资料。

我国西北的古代文化,犹如一条波澜壮阔的长河,气势磅礴,一泻千里。当我们沿着这条长河溯源而上,追寻源头时,便会领悟到它那"纳细川于巨流"的宏大气魄,这正是中国古老文化气象万千,又始终保持着喧腾活力的原因所在。

孙　丹:您能谈谈对甘青地区史前文化发展的认识吗?

王吉怀:我在20世纪80年代末就写过一篇文章,叫做《甘肃史前文化及其研究》,也许题目起得大了些,但我还是查阅了不少有关资料,进行了梳理。借助于前期相关地区考古调查、发掘的资料,尤其是师赵村和西山坪的资料,对甘青地区以及邻近相关地区的文化发展情况有了一个完整的认识。从距今8 000年前后到距今4 000年前后,形成了一个完整的链条,即大地湾文化(严格地说应该称大地湾一期文化)—北首领下层—仰韶文化半坡类型—马家窑文化石岭下类型—马家窑类型—半山类型—马厂类型—齐家文化、辛店文化。这样完整的发展序列,在其他地区还是很少见的。

孙　丹:您1994年开始主持发掘安徽蒙城尉迟寺遗址并对其进行系统的研究,主持编写了《蒙城尉迟寺》《蒙城尉迟寺(第二部)》。尉迟寺史前大型聚落遗址的揭露对全面研究大汶口文化的分布区域、聚落形态、墓葬制度及其与周围地区同期文化的关系具有重要的学术价值。您能详细谈谈您在第一次发掘时的思考和探索吗?第二次发掘您又有何思考?

王吉怀:尉迟寺遗址的发掘是在80年代末,随着黄淮地区考古学大课题的确立而开展起来的。尉迟寺史前聚落遗址的发掘,既是大汶口文化研究的重大突破,也是史前聚落考古的重大突破,每次发掘都是大规模的。考古成果最重要的有以下几点:第一次发现了保存完整的大汶口文化聚落;第一次发现了规模宏大的红烧土排房;第

尉迟寺遗址中心部位的排房及广场

一次发现了人工铺垫的大型活动广场;第一次发现了大型的人工围壕;第一个经过13次发掘的新石器时代遗址等等。发掘期间,所领导都非常重视,会到现场检查工作。

尉迟寺遗址的发现,在研究大汶口文化的分布区域方面是一个突破,它填补了大汶口文化缺少完整聚落的空白,确立了大汶口文化的一个新地方类型,是史前聚落考古的重大突破,也是中国古代文明起源研究的重大突破。特别值得一提的是大型红烧土排房建筑是尉迟寺遗址最闪光的亮点。

尉迟寺遗址是一处典型的聚落遗址,尽管遗址的总面积有10万平方米,但是,聚落的主要建筑却集中在中心部位约5万平方米的范围内。这个聚落遗址以椭圆形的围壕环绕,在围壕之内,目前发现的分布方式有两间一组、四间一组、五间一组等。该遗址经历了两个阶段共13次发掘,总揭露面积为10 350平方米,清理大汶口文化晚期红烧土排房14排18组计73间,总建筑面积为1 200平方米,居住面积为970平方米,完整地再现了尉迟寺聚落的宏大规模。从总体上看,是一种"合"的布局,从局部上看,又是一种"分"的形式,构成了一个有分有合的整体。尽管这批房屋的面积有大有小,组合有长有短,但是,它们都是一个相对独立的生活单元,组合起来,给人一个完整聚落的印象。

在第一阶段发掘中(1989—1995年),考古所投入了很大的力量,逐年进行了较大规模的揭露,获得的资料不仅有墓葬,更有风格独特的大型红烧土排房建筑。这对研究大汶口文化聚落形态、地域性文化特点以及当时的社会结构、古代文明的起源等问题,无疑都有十分重要的价值。尉迟寺与同期的郑州大河村、淅川下王岗、湖北枣阳雕龙碑、河南邓州八里岗等遗址,虽然不是一个考古学文化,但基本处在同一发展阶段,均属新石器时代晚期或铜石并用时代早期。它们分别位于豫南、皖北及鄂北地区,处于黄河中下游和长江中游地区,时间上大约距今 5 000—4 500 年。在建筑技术方面,基本都有挖基槽、立柱、抹泥、烧烤等工序。

红烧土建筑作为社会发展到一定时期的产物,作为一种历史现象,在全面研究当时的社会性质、生产力发展水平等方面与墓葬相比,起到了无法替代的作用。尉迟寺史前聚落遗存以丰富的内容,为我们提供了翔实的研究资料,通过微观考察,既能研究当时的建筑技术,又能研究当时的社会形态和家庭组织结构,同时,在探讨古代文明起源的问题上,也大大促进了研究工作的进程。

尽管第一阶段的发掘取得了丰富的成果,但由于经费不足,到1995 年春季,发掘工作暂时停了下来。当时,我把这一工作比作一壶烧到了 90 度的水,如果再添一把火,就能达到事半功倍的效果,然而,由于资金的缺乏,不得不使发掘工作宣告结束。

2000 年 12 月 1 日,相声表演艺术家牛群正式出任蒙城县副县长,他身为文化人,对文化事业格外关注,上任后的第二天,就到蒙城县文物局参观尉迟寺出土文物。他认为,尉迟寺就是埋在蒙城县的一个宝贝疙瘩,当即决定,由蒙城县筹集资金,再度发掘尉迟寺。从此,停顿了五年之久的发掘工作又再度升温,并获得了空前的学术成果。加上第一阶段的发掘,尉迟寺遗址共进行了 13 次发掘,揭露出了一个完整的聚落。可以说,没有牛群,就没有《蒙城尉迟寺(第二部)》。当时,我还在《中国文物报》上发表了一篇《牛群在尉迟寺遗址的"幸福生活"》,在学术界和社会各界引起了很好的反响。

孙 丹:您在发掘尉迟寺时如何践行聚落考古的理念?

王吉怀:在以往的研究中,有把一处单独的墓地或有房子遗迹的遗址作为聚落研究的,我对这个问题一直有着不同的认识。所谓聚落,所反映的应是当时人类生老病死的全部,既有住房,又有与日常生活相关的设施,包括窑址、灰坑、祭祀遗迹,特别是后来的防御设施,另外,还要有同时期的墓葬区等等。作为一个聚落,它应该是由许多物质要素构成的综合性实体,除各种类型的房屋外,防御设施、经济设施以及与宗教有关的公共设施等,都不能孤立存在,应该组成一个有机的整体。在我们研究聚落本质时,不能只注意它的面积和房间的数量,还要根据特殊的结构看其所表现的居住内容。

一个聚落,能够得到长期维护和发展,必须要有较为可靠的物质条件,这个物质条件首先依赖于自然。也就是说,周围必须有可耕的农田,并且能便利地进行饲养、狩猎和其他经济活动,为人们提供衣食,这样才能使聚落的稳固成为可能。

任何一处聚落所在地的选择,都会以周围的自然环境和条件为基本的要素,以使聚落能够得以维系和稳步发展。《释名·释宫室》曰:"宅,择也,择吉处而营之也。"正是说明了聚落与周围地理环境的必然联系。

孙　丹: 在尉迟寺发掘后,您又开始在淮河边的禹会遗址进行发掘,这是出于什么样的考虑呢?

王吉怀: 说到淮河,它并不像黄河和长江那么出名,但是,淮河是我国南北方的分界线,自古以来,淮河以南即称为南方,淮河以北即称为北方。北方的黄河流域和南方的长江流域在考古工作方面起步早、成果显著,相比之下,淮河流域的考古工作处于滞后状态,在考古学领域,由于起步晚、工作少,很多方面都呈空白。实际上,淮河流域的文化遗址分布密集,为进一步了解淮河流域史前遗址的文化内涵,以及与周边地区同期文化的关系,我们决定在蚌埠的禹会村开

禹会遗址发掘现场(2011 年)

展工作,这是学术的需要。在几年大规模发掘的基础上,获得了意想不到的收获。

中华文明探源工程实施以来,学术界在中国古代文明起源的研究和探索方面异常活跃,通过考古工作,在国内许多地区都取得了丰硕成果,其中以公元前3500—1500年之间的龙山时代为考察、发掘、研究的重点。因为从龙山时代到夏商周时期,是中国古代文明起源与早期发展的时期,也是我国古代王权和国家产生和初步发展的时期。在古代文献的记载中,一般把中华文明开化的时期定于黄帝、炎帝时代,但文献中对黄帝和炎帝乃至尧、舜、禹时期的记载很少,远远不能满足研究的需要。因此,用考古学的手段探索黄帝、炎帝时期至夏商周时期文化的发展与社会的进步,是势在必行的。同时,我们可以以仅有的相关文献记载为线索,通过考古发掘去考证黄帝、炎帝和尧、舜、禹活动的中心地域,考察该区域、该时期考古学文化的面貌及社会发展状况,研究该文化与周边地区各考古学文化的关系,探讨此时期生态环境的变迁、人们的生活方式及文明演进的过程。

考古学上的龙山文化时期和古史传说中的五帝时期,也就是中国文明和国家形成及诞生的时期,因为这种考古学文化的时代和分布范围恰恰与传说中“五帝”的时代和活动范围是一致的。这就给我们提出了一个明确的思路和设想:探索年代范围主要在公元前3500—1500年之间,即考古学上的龙山文化时代和文献记载中的五帝时代的历史文化、社会制度等等。

近几年的考古发现也正日渐清晰地提示出古史传说中“五帝”时期活动的社会背景,尤其是“五帝”时代后半段的尧、舜、禹时期,有着重要的可考事件(如洪水与治水)。由于古籍记载的局限,我们也只能以考古学文化与古史传说的有机结合作为中国文明起源研究的一个标志。

　　禹会村遗址是一处单纯的龙山文化遗址,非常适合作为文明探源的发掘对象,因此,我们以"江淮地区区域性聚落形态研究"为题,开展了禹会村遗址的发掘工作。在每次发掘中,社科院考古所都会组织专家考察团,考察出土遗迹、遗物。遗址中的大型礼仪性建筑,为考证"禹会诸侯"事件提供了重要的学术支撑;同时,遗址中不同类型的祭祀坑及出土文物,也为考证大禹文化提供了一系列的证据链。这一发现,不仅引起国内学者的高度关注,同时,也吸引了国外学者前来考察。2013年12月,在蚌埠召开了"禹会村遗址与淮河流域文明研讨会"。通过对涂山地望、禹会村遗址及出土遗迹、遗物的考察,与会学者认为该遗址:1. 大型盟会或祭祀活动迹象突出;2. 短期居住或活动行为明显;3. 礼仪性器物比重大;4. 低温陶的比例大。一系列的现象都体现了时代的吻合、地域的吻合、文献记载的吻合、遗迹现象和遗物特征的吻合,再加上自然科学的测试和论证等,为我们考证遗址的性质提供了有力证据。因此,研讨会定论:禹会村遗址,就是文献记载的"禹会诸侯"之地。

　　孙　丹:禹会村发掘的重要意义何在呢?

　　王吉怀:可以说,安徽蚌埠禹会村遗址的发掘,揭开了淮河流域文明探源的新篇章。禹会村的资料,主要表现在复杂的文化内涵、特殊的文化现象、特殊的地理位置以及遗址时代和面积等方面。不仅填补了这个地区龙山文化的空白,为区域性聚落研究增添了新信息,更重要的是有关大禹的故事,由传说变为信史。对探讨淮河流域距今4000年前后文明化进展的程度、考证涂山地望、考证传说事件,具有重要的学术意义。

禹会村遗址与淮河流域文明研讨会（2013年）

禹会遗址的考古资料,见证了公元前 2000 年前后龙山文化在淮河流域的强势以及文化的传播和势力的扩张。出土的器物,除具有河南龙山文化、山东龙山文化的特点外,在良渚文化中也能找到相同的因素,这就使黄河中下游、淮河流域以及长江下游的龙山文化形成关联,证明淮河流域是古代文明传播的一个重要路径。

遗址中存在的人工堆筑铺垫的祭祀台基、掩埋器物的祭祀坑以及特殊造型的器物等迹象,蕴藏着极大的信息,是一个令人振奋的发现,遗迹特征表明该地点曾举行过大型集会和祭祀活动。

禹会遗址的龙山文化遗存,其面积至少有 50 万平方米,但是,由于它分布在淮河岸边,因多年的淮河治理而破坏严重,能够发掘部分的上部文化层已经不复存在。从 2007 年第一次正式发掘到 2011 年止,已经揭露出了重要的文化迹象,主要包括大型祭祀台基面、祭祀沟、不同类型的祭祀坑和以祭祀为主要内容的各类器物。虽然遗迹、遗物丰厚,但作为一处大型遗址,揭露的仅是冰山一角,还不能反映出遗址的全部,尤其是能够发掘的关键部位,应该还蕴藏着一定的文化现象。所以,在今后的工作中,应该选择性地再度发掘禹会村,以获得更加翔实、丰富的考古资料,去解读淮河文明,解读大禹文化。

孙　丹: 通过考古学资料研究物质文化相对而言比较容易,而对精神文化的研究则困难得多,您早已开始关注对原始宗教等精神文化的研究,能谈谈您在这方面的心得么?

王吉怀: 在人类发展的历史进程中,宗教作为一种特殊的意识形态,曾对人类生活起到一定的作用。可以说,原始人的宗教信仰和一切宗教行为,即是人类宗教的发端。宗教是一定历史条件下的产物,对社会的发展具有深远的影响。

中国社会科学院考古研究所组织专家团考察禹会遗址发掘现场（2010 年）

宗教思想的产生有着一定的社会背景和历史根源。生活在原始社会的人类在征服自然界的过程中,对许多不解的现象产生了恐惧,认为在他们的周围有神灵,而且神灵的力量是无所不在的。所以,自然的力量成了人格化的神灵,成了祈求和崇拜的对象,从而出现了"万物有灵"论。日月崇拜、山川崇拜、石头崇拜、动物崇拜、水神崇拜以及祭天、祭地、祭河神等,便成了自然崇拜中的主要内容。同时,鱼图腾、蛙图腾、鹿图腾、植物图腾、鸟图腾、龙图腾等,也成了图腾崇拜的主要形式。可以说,宗教思想是人类最初的思想之一。

我们的田野考古工作取得了举世瞩目的成就,正是随着考古中有关宗教的遗迹和遗物的大量发现,才使我们对原始人的宗教行为有了进一步的了解和认识。从原始人的物质文化、精神文化和社会生活等许多领域中,看到当时多种多样的宗教行为。所以,在研究原始宗教时,考古资料不仅能弥补文献记载和民间传说的不足,还能丰富原始宗教文化的内容。

史前人类宗教行为留下的考古资料可以分为宗教遗迹和宗教遗物两大部分。比如说遗迹中的墓葬,是史前宗教最明显的体现,还有人殉、人祭、祭祀坑、祭祀台、祭坛等等。而遗物中的墓葬随葬品、占卜、特殊造型的器物等等,都包含着复杂的宗教信息。

中国有着悠久的历史和丰富的宗教文化遗产,从考古资料的发现来看,在原始先民生活的社会中,处处蕴含着宗教意识。原始人的世界,是一个宗教信仰的世界,原始宗教活动也在时刻影响和支配着他们的社会生活和文化生活,这是由当时的生产力发展水平所决定的。

从距今18 000年的山顶洞人时期,到距今4 000年的龙山文化时期,时间跨度达1万多年之久,在这样漫长的岁月中,宗教行为和内

专家考察禹会村遗址(2010 年)

容必然发生了巨大的变化。我们可以这样认为,万物有灵是原始宗教思想产生的基础,社会生产力低下是宗教产生的根源。尽管宗教的形式和内容多种多样,但是,原始社会的一切宗教行为,都在表达着人们的一种真挚的思想感情,是保佑自己或氏族部落得到幸福和安宁的具体体现。

宗教观念作为一种社会意识,从产生到发展,也会受到物质生活和生产方式的制约。宗教的发展过程,也是人类思想意识的发展过程。就是说,社会的发展促使社会结构发生了变化,同时也使宗教的内容和性质发生了质的变化。当进入文明社会以后,宗教便达到了十分复杂的程度,在受到物质生活和生产方式制约的同时,也打上了阶级的烙印,在宗教的形式和内容上,带有浓厚的思想性。

总之,宗教文化在中国历史发展的过程中,起到了一定的作用,当我们研究中国的历史时,一定不可忽视宗教文化所产生的影响。

孙　丹: 王老师您从事考古工作三十余年,您对我们年轻一代有何寄语和期望吗?

王吉怀: 不敢说什么寄语和期望。我从事考古工作三十多年,风风雨雨,总觉得自己懂得的太少,一个人就是要活到老学到老。实实在在做人,踏踏实实做学问。勤劳的身影、忘我地工作、辛勤的汗水,必定会获得丰硕的回报。我愿与大家共勉!

孙　丹: 感谢王老师接受中国考古网的采访!

（原文于 2011 年 3 月 25 日发表于中国考古网,经作者修订。）

王立新

在香港黄地峒遗址(2009 年 12 月)

简　介

　　王立新,1966年生,陕西铜川人。现为吉林省长白山学者特聘教授、吉林大学匡亚明特聘教授、吉林大学边疆考古研究中心主任、博士生导师,同时兼任中国社会科学院古代文明研究中心客座研究员、中国考古学会夏商考古专业委员会副主任委员,曾赴美国匹兹堡大学人类学系任高级访问学者(2004年)、赴韩国釜山大学考古系任访问教授(2010年)。

　　主要从事夏商周考古、新石器考古及田野考古的教学与研究工作。代表作有《先秦考古探微》《早商文化研究》《林西井沟子——晚期青铜时代墓地的发掘与综合研究》《半支箭河中游先秦时期遗址》《夏商周考古学》等。

立足田野，稽古维新

——王立新先生访谈录

采访者：陈　飞

陈　飞：王老师，您好！感谢您接受中国考古网的采访！首先，请您给我们介绍一下您是如何走上考古之路的。

王立新：这还得从我的高中阶段说起。我上高中的学校虽然是一个煤矿子弟中学，但有一个教语文的老师，是陕西师范大学中文系毕业的，他对历史很感兴趣，知道吉林大学的于省吾先生。他说这个先生是一个很了不起的考古学家，在甲骨文研究方面不亚于郭沫若。受这句话的影响，我高考报的第一志愿就是吉林大学历史系考古专业，就是冲着于先生来的。但遗憾的是，一入学，就了解到于省吾先生刚刚去世。后来跟随林沄先生（于省吾先生弟子）读商周考古，学了点甲骨文、金文，也算是对于先生的学问有了点了解。

真正对考古学感兴趣，是在我田野实习之后的事情。大学刚开始的两年，历史的课程多，我不是十分感兴趣；考古的课程，讲的也多是各种器物、文化的编年，我觉得有些枯燥。但是经过大三田野实习，我发现自己比较喜欢发掘工作。这个爱好到今天也改不了，有那么两三年不下工地，就觉得手痒。大三那一年的实习，我们先是在黑龙江肇源，由于发掘地点不理想，后来又转到了三峡的秭归朝天嘴，这是国家文物局王军、杨林老师的工地。在这次发掘中,几位老师发现我在认土质土色、划地层、辨识叠压打破关系上还有点悟性,最后还给我打了个最高分,这让我找到了点成就感,觉得自己在这方面还有点特长。实习之后,我就下决心学习考古了。后来毕业,因为我当时成绩全班排名第一,被免试推荐读张忠培先生的硕士研究生,就这样走上了考古之路。

陈 飞: 您先后跟随张忠培先生、林沄先生学习新石器考古和夏商周考古,两位先生对您最大的影响是什么?

王立新: 跟随张忠培先生读呢,主要是在考古学的基本理论方法上打下了基础,就是地层学、类型学、谱系研究,在这些方面做了些努力。比如我的硕士论文,做的就是类型学研究,写的是单把鬲的谱系研究,梳理单把鬲的谱系脉络,从这儿入手,打下了基础。

读完硕士后,我就留校任教了。当时我们的教研室主任许伟老师建议我留校之后做商周考古,因为当时新石器考古方向已经有几位老师了。做商周呢,我一想,我之前学的是新石器,要做商周,那不得跟林老师多学点吗!所以又跟着林老师读商周。

林老师刚开始的时候就问我:"你想读商周,自己对哪方面比较感兴趣啊?"我说对夏商这段比较感兴趣,我也知道您在古文字、古文献方面都很厉害,也想学点。完了林老师比较直白地告诉我:"你既然跟张忠培先生读了硕士,考古这方面我就不用给你讲了。我给你开两门课,一门是'先秦文献导读',一门是'古文字学'。"这样,我博士阶段主要就是跟林老师学这两门课,读了大量的先秦文献,边读边做记录。鉴于我对夏商考古感兴趣,老师就让我把先秦文献中关于夏商方面的记载都逐条摘录下来,做一个文献方面的梳理。而老师教我读先秦文献,却是让我从《史记》读起的。他说,你对夏商阶段感兴趣,应先从《史记》的《夏本纪》《殷本纪》读起,再去读先秦文献,就会逐渐明白司马迁是如何把《夏本纪》《殷本纪》完成的,他的这些史料是来源于哪些先秦文献。我读完《夏本纪》《殷本纪》后,就开始读"十三经""诸子集成"以及《战国策》《国语》等,一部一部地读。读的过程中有个目标,就是了解《史记》中的每一条相关史料是怎么来的,见于哪部先秦文献,原话是怎样说的,和《史记》中的记载作对比,逐条地去摘录。每读完一本书,就去林老师家,向林老师汇报,谈学习的体会,做了哪些笔记。我举个例子,《殷本纪》中有一条记载:"帝盘庚之时,殷已都河北,盘庚渡河南,复居成汤之故居。"但我在读先秦文献时,发现没有一条能与这条记载相对应。林老师就问,那它是怎样来的?在林老师的提示下,我又去查《尚书·盘庚》的原文,仅提到"(盘庚)惟涉河以民迁",并没有说盘庚是从河北往河南迁,还是从河南往河北迁。那《史记》中的记载从何而来?这个时候就产生了疑惑。后来林老师提示,汉代流行的《书序》中有一句话叫:"盘庚五迁,将治亳殷。"这是汉代儒生口耳相传下来的。但晋人束晳发现孔子壁中《尚书》说的是:"盘庚五迁,将始宅殷。"他明确指出"将治亳殷"是"将始宅殷"之误。"治"最开始是"始"字,"亳"字在古文中作"宅"字,这一看就恍然大悟了。汉代流行的《书序》版本中错了两字,却被司马迁采信,误以为盘庚所迁是"亳之殷地",所以才有了《殷本纪》中的那条说法。

通过这件事,我体会到林老师让我如此阅读文献的用意。晚期文献为什么会有这样的说法,它是直接来自对早期文献的摘录,还是作者对早期文献的理解。不见于如今所见的早期文献,也可能是它所能见到的文献后来消失了,那么它就是目前所能见到的最早记载,甚至有些内容不排除是作者本人的理解与创造。所以阅读文献,对重要的、关键的史料，要知道其来源，要知道它最初出现时是什么样子的，在后期文献中又经历了怎样的变化。以往我读文献是没有章法的，跟林先生学习之后，才学到了这个方法。

跟林先生读古文字也是很有启发的，但我在这方面下的工夫不多，毕竟是从考古学去学古文字，最终的目的也就是为了扩大知识面。但在学古文字时也想着要琢磨点问题，后来我写了一篇《说轵》，就是"辐钏轵"中的"轵"，是安在车轴上的一种车马器。《诗经》中也有"约轵错衡"之语。我在阅读金文的时候发现，有几例记载赏赐物的铭文中，有一个似上下两个"几"字叠扣的字不识，我认为这可能就是作为一种代表身份的车马器的"轵"字。前几年我对郑州商城出土的"亳"字陶文也做了一番考证。关于"亳"字陶文，有人认为它是"京"字或"亭"字，也有人认为是"亳"字，我倾向于后者。因为它下面从的是"乇"声，和"宅阳"布那个"宅"字下面所从"乇"的形体是一样的，而且从字形演变的角度讲，释为"亳"的可能性最大。跟林先生读，确实是扩大了我的知识面，对我以后的研究有着很大的帮助，至少在阅读与学习的过程中，认识到研究商周考古是离不开古文献与古文字的。跟两位先生学习，真是觉得两位先生是各有所长。

陈　飞：您的博士论文《早商文化研究》，以极高的质量，不仅入选了 1998 年的"高校文科博士文库"，而且奠定了您在早商文化研究中的学术地位，您能介绍一下它在当时的创新之处吗？

王立新：创新之处倒是谈不上。林先生带我到北京大学进行博士论文答辩时，确实得到了邹衡、严文明、李伯谦等先生的较好评价。我自己觉得这篇文章要是有点新意的话，还真就是在分期之后，琢磨了点问题。至于分期本身，我不认为那是我的突破，因为邹衡先生原先分得就很好，我只不过是把邹衡先生的分期进一步细化而已，把早商文化分为了三期六段。比如说前四段,和安金槐先生所分的二里岗四期几乎是一样的,第六段相当于邹衡先生所说的殷墟一期。只不过我明确指出来,有一段,就是以藁城台西 M14 为代表的阶段,相当于二里岗上层偏晚阶段到殷墟一期之间,这段遗存主要见于邢台到石家庄之间的这片区域,正好和商人都邢的时间大致相合。再者,我将邹先生划归先商阶段的二里岗下层以 C1H9 为代表的阶段确定为早商文化的第一段。所以说,我的分期只是把邹衡先生的分期进一步细化并做了适当调整。

我自己觉得真正琢磨了点问题,是因为分期完成之后的一段时间,我陷入了困境。博士论文经过做大量的卡片,分期排队,把时空框架搭起来了,各个区域类型也搞出来了,但这都是别人做过的。而我为什么要分它?我分完它之后有什么用?大概有一个月的时间,我在思考这个问题。后来我想通了,考古学的最大长处是什么呢?就是它能够对遗存进行一个历时性的观察,从这个角度,随着分期去观察整个文化的发展变化过程,并结合文献去探索为什么会发生这样的变化。比如说早商文化第一段,商文化主要分布在伊洛郑州地区,主要占据了夏人、夏文化的地域,也就是邹衡先生所说的二里头文化的主要分布区。而豫北冀南地区作为商人老家反而缺少这一阶段的遗存,很可能和商人此时的经略重点在于管控夏遗民有关。然后,从第二段或略早开始,商文化很快就突入渭河流域,一直推进到现在的西安左近。为什么会继续往西面发展呢?我想到了一条文献,就是《后汉书·西羌传》中的一条记载:"后桀之乱,畎夷入居邠岐之间,成汤既兴,伐而攘之。"学者们认为此条很有可能出自《古本竹书纪年》。从考古学文化分布上看,确实如此,商在中原刚站稳脚跟,就往西边发展。相当于二里头文化时期的"老牛坡类型远古文化"，也就是双耳罐、单耳罐这一套东西，在二里岗文化早期被商文化所取代。我认识到，每一次文化格局的变化，可能都有着它背后的动因。又比如到了早商文化第四段，它的主要发展方向是东方，第四段相当于商王仲丁、外壬前后，而《竹书纪年》中恰恰记载仲丁曾"征蓝夷"，河亶甲即位，"征蓝夷，再征班方"。这个时候商人最大的敌人是东方的夷人，文化分布的变化和文献的记载是比较契合的。通过这些例子可以看出，当我把早商文化的发展进程理出来之后，再结合文献，就能看到商文化为什么会有这样的分布态势。不仅知道了早商文化是如何分布的，甚至能窥测到为什么会造成这样的分布态势。我想，这就是所谓的"透物见人"吧。也就是从考古学的基础研究，上升到对史学问题的一种观察。在这方面，我得出了一些算是比较新的认识，但是谈不上大的创新。

陈　飞：您在夏商考古领域笔耕不辍，对夏文化的形成机制与动力因素做过深入探索，成为一家之言。我们知道，探索一个考古学文化的形成过程是十分困难的，尤其是进入历史时期的考古学文化。那么，以夏文化的形成为例，您认为界定一个考古学文化的形成要注意什么？

王立新：谈到这个问题，我要强调一下张忠培先生所提出的"基本陶器组合"这一概念。夏鼐先生1959年的那篇文章，对考古学文化的定义借鉴了柴尔德，就是存在于一定时间，分布于一定地域，有共同特征的一群类型品或者叫遗存群，但是这个群有多大、多小，群的特征如何把握，夏先生并没有给出进一步的界定。结果之后的很长一段时间里，考古学界对考古学文化的命名仍然存在标准不一致的现象。比如很多先生所称的仰韶文化，在张忠培先生看来就包含有若干个不同的考古学文化。张先生把仰韶文化中的很多类型都称为文化，比如半坡类型叫半坡文化，庙底沟类型叫庙底沟文化，还

与方酉生先生在郑州(2005 年)

提出半坡四期文化、泉护二期文化等概念。

为什么掌握的标准会不一样,有的先生掌握的是一个标准,张忠培先生掌握的是一个标准。我跟张忠培先生读研究生之后,发现张先生在划分考古学文化时,一定要强调这个考古学文化的基本陶器组合。什么样的器物能入选基本陶器组合呢？一是数量相对要多；二是分布要广,在这个考古学文化分布区里,不能只见于一个地点,其他地点都没有,要有一定的分布面；三是延续时间长,不能只在这个文化最早期出现,往后就没了,或者只在某一期昙花一现,这都不能算作基本陶器组合的成员。当你把这一考古学文化最基本的陶器组合提炼出来的时候,就可以拿这个基本陶器组合去限定某类遗存是应当划归这一考古学文化,还是应当归入别的考古学文化。

标准、内涵丰富了,你所划分的文化的分布范围、时间范围就有限制了,不至于无限制地扩大。这里存在内涵与外延的关系。假如你设定的标准、内涵特别少,比如只要具备彩陶、尖底瓶这两个标准就算作仰韶文化,那仰韶文化的时空范围自然会划得非常大。内涵少,外延就会非常大,就会有非常大的仰韶文化。但是当你多列几种标准作为内涵方面的限定,你所划分出的文化的时空范围就不至于那样大。具体到半坡类型改称半坡文化,按照张忠培先生的观点,至少要包括杯形口尖底瓶、鱼纹盆、弦纹罐等几种陶器构成的基本陶器组合。又比如庙底沟类型改称庙底沟文化,至少要以双唇口尖底瓶、植物花纹或弧线三角纹的彩陶盆、釜灶等构成的基本陶器组合为标准,拿这个基本陶器组合去限定的时候,那它就和半坡文化不一样了。你给的限定标准多、内涵丰富,你限定的文化的时空外延相对就小,就是这个道理。

我接受的是张忠培先生这种划定考古学文化的方法,就是强调基本陶器组合。所以当我拿基本陶器组合这个标准去观察嵩山南北的龙山时代晚期遗存的时候，就会注意到，嵩山以北和嵩山以南是不一样的文化了。而且不止我一个人这么说，武汉大学的陈冰白先生也是这么认为的。嵩山以北的龙山晚期遗存，可以王湾三期文化命名，它流行的典型炊器是中口深腹罐，这类东西从典型单位的统计来看，在炊器中占的比例相当大，大致占 20%—25% 左右；而嵩山山地地区，像临汝煤山、禹州瓦店等遗址，主要炊器是鼎，而且多数是鼓腹或垂腹，三足比较小，流行方格纹、绳纹，这种鼎大量发现于嵩山山地及嵩山以南地区。不光典型炊器不一样，其他方面的器类也多体现出明显差异，甚至遗迹的种类、形制也能体现出差异，经济形态上亦有一定的差异。所以以往大家所称的王湾三期文化，其实在嵩山南北是不一样的文化。

为什么两个不一样的文化到二里头时期变成了同一个文化？我就去分析这个整合的过程，这才知道了新砦期是如何形成的，就是前二里头文化这个阶段。一分析新砦期，发现这里面有来自煤山文化的不少因素，因为它位于嵩山东南侧，靠近煤山，所以鼎的数量不少；但是同时，又出现了王湾三期那边的中口深腹罐、双腹盆等器类，这是王湾三期文化的典型器物。嵩山南北的两种因素，在新密这一带，碰撞融合形成了一种新的遗存。当然这种新的遗存，有一部分器物如子母口罐、器身起棱的盆等，就是最近魏继印所探讨的来自豫东造律台的因素。正是嵩山南北这两支主源，再加上来自豫东的一部分因素，才形成了龙山到二里头之间的这一批东西，即新砦期。而这一批东西，它有一个明显的传播过程。在新密一带形成之后，向北到了郑州，比如站马屯遗址，它和当地王湾三期文化的特征是不一样的，它多了些三条小腿的鼎，这是来自煤山文化的典型因素，而且和新砦期的鼎在形制上最为接近,所以我在那篇文章中指出,郑州就有新砦期的东西。到了郑州之后,这类遗存就再转而往西发展,比如巩义的花地嘴,那也是被定为典型的新砦期的东西。于是就形成了这样一个传播趋势,它的路线是从嵩山东南侧出发,绕过嵩山,经过郑州,然后再往西进入伊洛河谷。有这么一种分布态势,那么我就想,在整个嵩山南北的文化整合过程中,煤山类型或者叫煤山文化,是否曾起到一个主动的作用。它比较强势,并且在由南往北发展的过程中与其他文化互动,形成了一种过渡性遗存,这种过渡性遗存又深入伊洛河谷,最终出现了二里头文化。这就是我所认识到的二里头文化的形成过程。

假如由这样的一个文化发展进程推导出对历史问题的认识,中间当然还缺乏些依据,于是我又去看有关聚落形态演变的材料,重点参看了赵春青的博士论文和刘莉、陈星灿等先生在伊洛地区所做的区域性系统调查材料,发现在龙山时期确实如刘莉先生所说,是一种多中心对抗性的聚落布局。在河南的中西部,龙山城址比较多,现在发现的城址好像都不下十个了。以每一个城为中心,都会形成一个大的聚落群,而且每个城的规模都差不多,各城的存续时间又不长,来回起起伏伏,没有一个绝对的中心,恰合文献记载尧、舜、禹时邦国林立的情势。到二里头文化时期,区域聚落格局变成了二里头遗址呈鹤立鸡群之势,由原先的多中心,到二里头时期突然变成了一个中心,这是一种什么样的发展?显然,不仅文化上得到了整合,而且通过聚落形态分析发现,至少还有一种政治力量、政治强制力,使得这一地区的社会达到了较为广泛的整合。结合文献,我发现其因可能正是启改变了之前部落联盟的制度,变"禅让制"为"家天下",开辟了一种新的政治局面。而启有了这样的改变,很多部族是不服的,文献中有这样的记载:"有扈氏不服,启伐之,大战于甘……遂灭有扈氏。"不服的就被灭掉。还有一条记载叫"夏有观、扈",它是与"周有徐、奄"并称的,徐、奄是与周对抗的,最后被周灭掉,那么这个观、扈按照句式体例来说,也是与夏相敌对的。扈和观,我按照以往的考证,发现这两个地点都位于伊洛河谷地区。这就解释清楚了,禹是起于嵩山山地的一个部族的首领,启继位继承了它。一个生活在嵩山山地的部族,进入伊洛河谷发展,最终使得嵩山南北在文化上,以及聚落形态上变成一体,这就是夏王朝的出现在考古学上的体现。所以,由考古学文化,到聚落形态,到结合文献,最终发现夏王朝的出现,其最重要的一个标志,就是区域文化的整合、区域聚落的整合。这种整合代表了一种强权的出现,代表了一种国家权力的出现。

陈 飞:是的,那么也就涉及一个重要的问题,就是王朝的出现与考古学文化形成的关系问题。

王立新:对的,这就涉及一种新的解释,即文化形成的滞后性。关于二里头文化的年代,我是相信仇士华先生早先的判断的,上限应在公元前 1900 年前后。后来的碳十四测定,经过了所谓的系统采样、系统拟合,反倒加入了不少的主观干预,而且也没有发表所有的数据。一个单位中的炭样,年代有早有晚,那是再正常不过的情况。经过了所谓的拟合和选择,看似整齐划一了,其实主观性更大了。至少二里头文化年代上限的不断下拉,已引起相当多学者的困惑与疑虑。我还是相信以往的判断标准,因为那时候没有受到任何学术观点的影响。即使以公元前 1900 年前后作为二里头文化的年代上限,它的早期仍然到不了传统所认为的公元前 21 世纪后期,距夏王朝的建立还有百余年的时间差,也就是说二里头文化的年代最早还到不了夏代的早期。所以我就想,会不会是王朝的出现和文化的形成不是同步的。

　　于是，我就寻找这一方面的证据，最后写成了《也谈文化形成的滞后性》这篇文章。我认为在二里头文化形成之前，有一段文化上的动荡与整合时期。在这个时期，王朝很有可能已经产生了，但是由于地方上各个势力仍然不服，或者还没有纳入政体之内，所以存在一些征伐，造成了人群的穿插流动。在这么一种状态下，才出现了新砦期遗存。而各个地点新砦期遗存的面貌又都不尽一致，应当就是反映了不同的人群在重新整合。当一个旧的文化体系被打破，一个新的文化还未形成之前，就是这么一种状态。

　　二里头文化形成之前是这样的，商文化形成之前也是这样的。比如早商文化的基本陶器组合包括了薄胎细绳纹鬲、鬲式斝、甗、中口深腹罐、大口尊等，这个基本陶器组合和以往邹衡先生所说的先商文化或下七垣文化是无法直接衔接的，也无法和二里头文化直接对接，存在一个年代差。而这个年代差，这个过渡阶段的遗存，就是我们大家现在普遍认识到的二里头四期偏晚遗存、偃师商城第一期第一段遗存、郑州化工三厂遗存、南关外下层遗存、洛达庙三期遗存等。这些遗存都是这么一种状态，它没有一个稳定的陶器组合，在各个地点的表现都不太一样，甚至在郑州这一个地区，三种遗存的表现都不大一样。洛达庙三期遗存，其主体源自二里头文化，但各地点所见的下七垣文化和岳石文化的因素及其比重似有一定的区别；化工三厂遗存陶器颜色发红，受岳石文化、辉卫型影响较多，而漳河型的因素就比较少；南关外下层遗存也是一样，它的主体因素来自辉卫型，受岳石文化影响好像也较多。所以你看，在不同地点的遗存里，来源方向都不太一样，显示出这一时期这一地区有着不同的人群在活动。此时正好是在灭夏之前，"汤十有一征"而有天下，这么多年的征伐，导致区域之间人群流动穿插,打破了旧有的文化格局。原先是以沁河为界有两个文化,这边是下七垣文化,那边是二里头文化。旧有的文化格局被打破,旧有的器物组合也被打乱,到形成一个新的也就是二里岗文化的器物组合,至少滞后了相当长的一段时间。所以说,不光二里头文化形成之前有这么一个动荡的文化整合时期,在早商文化形成之前也存在这样一个文化的动荡整合时期。

所以我在《从嵩山南北的文化整合看夏王朝的出现》中,又进一步提出了"文化形成的滞后性"这一解释模式。认识到每一个结构稳定的考古学文化的形成,一定是滞后于王朝的建立,滞后于重大政治变革的。重大政治变革甚至可以在一日之内发生,比如利簋铭文的记载证实了武王与商王朝的决战,就是在"甲子朝"这一短暂时间内,从而完成了对商王朝的倾覆。但是一个新政权的建立,不能让所有的百姓把原先的坛坛罐罐全部打碎,旧有的东西全部取缔,重新制作所有的日用品,这是不可能的。所以这一理论模式从逻辑上是讲得通的,在实际中也能找到证据。

陈 飞:既然新考古学文化的形成滞后于王朝的建立,那么应如何从考古学物质文化的变化上把握王朝更迭的时间点?譬如夏商分界的研究。

王立新:这个时间点在考古学上是无法确切把握的。不管是依靠偃师商城还是郑州商城,都是无法实现的。偃师商城相对来说,比较接近商汤灭夏的那个时间点。为什么说它是比较接近的?只能说是接近,不能说完全一致。道理很简单,考古学上所判定的偃师商城的始建年代,那是一个时间段。考古学所建立的每一期每一段,它都是一个时间段,不是一个时间节点。从陶器认识年代,都是这样的。它不可能像后段有纪年的器物,直接指明是哪一年,它的绝对年代是很难判定的。我们只能知道,偃师商城的建立,绝对年代肯定是在商汤灭夏之后。如果不灭夏,是不可能在距离二里头几公里的地方建一个商城的。从逻辑上来讲,商汤灭夏之后,才有可能为了控制夏遗民,在夏人都邑的附近建立一个城。它的始建年代肯定会晚于灭夏的这个时间点,具体晚多少年,考古学无法解决。只能说,偃师商城的始建年代相对来说更靠近商汤灭夏这个时间点。所以说,绝对的夏商年代的断分,在考古学上是无法解决的,这也是考古学天生的局限性。

陈　飞:立足边疆是您的又一个学术基点,无论是在夏家店下层文化的综合研究上,还是在白城双塔、克什克腾旗喜鹊沟、林西井沟子等遗址的发现与研究上,您都取得了重要的突破。您能给我们介绍一下这些成果吗?

王立新:你所提到的这几个点,比如夏家店下层文化研究,可以从我的自选集《先秦考古探微》看出来,其中关于夏家店下层文化的讨论就有六篇。我对夏家店下层文化是做了一些研究,主要原因是我做过实际的调查与发掘工作。这个文化的分期、分区、年代、聚落布局、手工业生产、经济形态等方面,我都下过一定的工夫。我所说的夏家店下层文化,跟张忠培等先生所说的夏家店下层文化有些不一样。张忠培先生、李伯谦先生他们所研究的夏家店下层文化还包括了燕山以南同时期的遗存,而燕山以南的这类遗存已被韩嘉谷先生命名为大坨头文化。我所称的夏家店下层文化,主要也是按照张忠培先生所说的基本陶器组合来重新限定的,包括了在西辽河流域经常共存的尊形鬲、三足罐形鼎、无腰隔甗、安鸡冠状錾手的深腹盆等一组特征鲜明的陶器,它主要分布于燕山以北,努鲁尔虎山的东西两侧。我在赤峰大山前遗址连续发掘了三年,这是一处以夏家店下

陪同林沄先生考察白城双塔遗址(2007 年)

层文化堆积为主的遗址。我们在发掘过程中提取了很多动植物标本，在后来的调查中也注意了对聚落形态变迁的考察。这些方面做的都是基础性工作，谈不上有什么大的创新。

你所问的后三个点，白城双塔是新石器时代的，喜鹊沟和林西井沟子是青铜时代的。我先谈谈青铜时代的。辽西地区夏家店下层文化的研究是比较深入的，但是夏家店下层文化之后，到夏家店上层文化之前这么一个阶段，研究则相对薄弱。郭大顺先生最早提出的魏营子类型，即介于夏家店下层文化和夏家店上层文化之间。后来董新林先生发掘义县向阳岭时又提出了一个向阳岭类型。我发掘喜鹊沟铜矿遗址时出土的陶器和魏营子类型的陶器有一些相似，和向阳岭类型的也有一些相似，譬如花边鬲，但有些特征不太一样，所以我又命名了一个喜鹊沟类型，等于说是填补了晚商时期遗存在地域分布上的一个空白，而且知道了这个阶段，辽西地区已经开始了铜矿资源的开发。

正是这个时期，在辽西地区出现了殷墟式的典型青铜礼器，比如克什克腾旗天宝同出土的铜甗、翁牛特旗头牌子出土的铜鼎、赤峰西牛波罗出土的铜甗等。甚至头牌子的一个大铜鼎内装的就是以锡成分为主的矿砂。而这种矿砂来自何处，我跟李延祥教授在大兴安岭南端做过一些调查，他告诉我，大兴安岭南端的铜矿大都是铜锡共生矿。当时的加工技术，也能够做到将铜锡分离，比如我们在遗址中发现了大量的石碾盘、石磨棒，我们推测当时应该是把采集到的铜矿石，通过碾盘和磨棒碾碎，碾碎之后有可能通过一种水力的作用，先把最轻的泥沙淘洗掉，然后是重量次之的铜矿砂，经过多次淘洗，沉降在下面的就是锡矿砂。而源自这个地区的矿砂，可能也对中原地区的铸铜业做出了一定的贡献，只不过以往没有做过检测。典型的殷墟式青铜器经渤海湾北侧到辽西,然后到赤峰,再到赤峰以北的西拉木伦河流域,形成了一条明显的传播路线。就在这个传播路线的中间点上,发现有矿砂运输的证据,所以我觉得假如有一天检测结果出来的话,这个问题就会迎刃而解。总之,在晚商阶段中原地区的铜料来源中,有一支很有可能就是大兴安岭南端的铜矿区,因为这个时代是同时的,而且有这么明显的典型殷墟式铜器的传播路线,说明它们之间是有必然联系的,但是这需要做进一步的科技检测工作。

林西井沟子墓地是我 2002—2003 年间发掘的,这个墓地的年代恰好为夏家店上层文化之后,到战国燕文化到达之前。这个阶段的遗存,以往发现较少,也是辽西地区青铜时代考古的一个薄弱环节。在此之前,凌河类型晚期遗存属于这一阶段,郭治中先生 1994 年在赤峰发掘的敖汉水泉墓地也相当于春战之际这个时期。文献记载中,在燕国势力到达之前,分布于辽西地区的古族应该是东胡,燕国正是在赶走了东胡之后,才在今赤峰等地修建了燕北长城,即所谓秦开"却胡千里"。之前多年的研究表明,辽西地区发现的春战之际的遗存没有一例可以确切地判定为东胡的遗存。比如凌河类型,没有那么多的殉牲遗存,郭治中先生发掘的敖汉水泉,虽有殉牲但以猪为主,显然和游牧文化的特征不尽吻合。而恰恰是井沟子墓地,不仅年代吻合,绝大多数墓葬都有殉牲,且殉牲以马、牛、羊为主,还有驴、骡、狗,没有猪;生产工具里有大量的长铤骨镞,男性墓葬中基本都有,还有马镳。从工具到殉牲,都能反映出它是一种和游牧文化密切相关的文化遗存,这是从考古遗存上所能得到的一些实证。最重要的是,通过对出土人骨进行体质人类学的分析,我们知道了这批人的人种类型不是辽西地区原先就有的。辽西区原来就有的是古华北类型、古东北类型,甚至有古中原类型,而井沟子这批人的人种类型,是张全超老师区分出来的，称作古蒙古高原类型，不是当地此前的人种类型，却和后来的鲜卑、契丹是同一人种，随后DNA的检测也进一步证实了井沟子人群与鲜卑最为接近。而鲜卑的祖先在文献上有记载，毫无疑问就是东胡。这样，就从考古学、体质人类学、分子生物学等几个方面，证明了这批遗存是目前最有可能被判定为东胡的遗存，这个发现自然是很重要的。

我在辽西地区所做的工作里，围绕青铜时代遗存，对夏家店下层文化和夏家店上层文化的研究总体上可以说是对以往工作的细化和深化；而喜鹊沟和井沟子在某种意义上具有填补空白的作用，在夏家店下层和夏家店上层之间、夏家店上层和战国燕文化之间这两段比较薄弱的环节上，我找到了两种新遗存。

至于你所提到的白城双塔，这是我在2007年发掘的一个新收获。白城双塔遗址有三期遗存，第一期、第二期都是新石器时代的。尤其是第一期遗存，虽然没有炭样，但陶片的热释光检测，和后来东京大学补测的陶器上提取的黑灰色残垢，所判断的年代都是在距今1万年前后。当时发现这批遗存时，它确实是东北地区发现的年代最早的新石器时代遗存，比辽西那边都早。辽西地区在兴隆洼文化之前有小河西文化，但小河西文化发现的陶器都比较零星，没有大规模的发掘，面貌并不清楚。而我发掘的双塔一期陶器，以素面为主，可辨器型多为筒形罐，部分近口部有1—5条附加堆纹条带，纹饰很简单；陶器是以比较原始的泥圈套接法制作，且泥圈与泥圈套接的地方，外表是起棱的，器表凹凸不平，器壁厚薄不均；陶质比较疏松，夹蚌粉，火候不高，有明显原始性。这是当时发现的年代比较早的新石器遗存，在一定程度上填补了松嫩平原西部地区新石器时代文化编年序列中的缺环。

在白城双塔实习工地讲课(2007 年)

陈　飞：我们知道，您近年来在嫩江中下游流域开展了一系列的专题考古调查与发掘工作，其中以大安后套木嘎遗址的发掘与研究最为重要，并取得了一系列重要突破，您能简单介绍一下吗？

王立新：2011—2015 年，我们在后套木嘎遗址进行了连续五年的发掘，这也是我们的一个教学基地，我在这个遗址上倾注的心力比较多。我们把后套木嘎遗址出土遗存分了七个阶段，其中前四个阶段，都是新石器时代遗存。后套木嘎一期，是继双塔一期之后，又一种新的新石器时代早期遗存，其年代经过了社科院考古所、东京大学、北京大学等几家单位实验室的碳十四测定。我们检测的有人骨、陶器上的残留物、陶器的黏土，检测的样本不一样，其中做得最多的是陶器上的残留物，年代都集中在距今 13 000—11 000 年之间，正好在双塔一期之前，是目前东北地区发现的年代最早的新石器时代遗存。它的陶器质地更加酥松，胎内夹得最多的是一类植物遗存，这类植物遗存可以从陶器的断面上看得清清楚楚，是很细密的草叶或草茎。法国植物考古学家玛格丽特·滕贝理女士和汤卓炜老师通过鉴定，认为可能是禾本科植物。按以往惯例，我们称其为夹炭陶，偏晚阶段也有少量夹蚌粉的陶器。观察陶片，我们发现所夹植物纤维横向平行，陶片上也有明显的泥圈套接痕迹。据此推测它的成型过程，应该是用禾本科植物的茎叶和着细泥，做成一个个的泥圈，逐圈套接上去，和双塔一期陶器的制作方法有相似之处。大的器物，泥圈大约有 4—5 厘米宽，而且套接处仍然是起棱的，器表也凹凸不平，但是它的外表是比较光滑的，应是成型之后在外表涂上了一层细的泥浆。这种制作方法是比较原始的，而且这种陶器的烧成温度，我们也请北大的崔剑锋老师做过检测，认为其不会超过 600 ℃。这些特征是与它的年代相吻合的。

后套木嘎二期遗存,以往在黑龙江、吉林省西部都有发现,比如梁思永先生在 20 世纪 30 年代发掘的昂昂溪遗址,就出有这样的陶片,上面有窄细的附加堆纹且横截面常近三角形。后来黑龙江省考古所在齐齐哈尔的滕家岗子,吉林省考古所在吉林镇赉的黄家围子都发现过,所以这期遗存的发现等于是丰富了以往同类遗存的内涵。这期遗存的年代我们也做过检测,大致在距今 8 000—7 000 年,相当于新石器时代中期偏早阶段。

后套木嘎三期遗存,又是一种新的遗存,是以往没有命名过的。陶器也是夹蚌陶,纹饰主要流行指甲纹以及各种各样的戳印列点纹,年代大概相当于距今 6 500—5 500 年。以往在吉林省西部的"二普""三普"工作中都曾采集到过这样的陶片,但是缺乏发掘工作,也没有明确判定年代。所以说,在后套木嘎的四期新石器时代遗存中,有两期都是填补空白的。

至于后套木嘎四期遗存,以往也都发现过。说来这类遗存,最初是 2007 年春我和朱永刚老师在吉林西部的白城,内蒙古东南部的通辽、乌兰浩特一带进行野外调查时发现和辨识出来的。陶器最典型的特征是多装饰有国内学者通常所称的麻点纹,类似于绳纹但又呈网格状,俄罗斯学者所称的网纹和这种纹饰的特征非常接近。我们刚开始在地表采集到这种陶片时,并不认识,在以往东北西部地区已命名的文化中也没见过这种东西,它的确切年代不太清楚。2007 年我们上半年调查,下半年就在白城双塔遗址发掘,发现这种麻点纹陶器和红山文化晚期的典型玉器共存,知道它的年代应该是属红山文化晚期的。但是文化面貌和红山文化又不一样,不仅陶器不一样,墓葬形制也不一样,葬式是仰身叠肢葬,就是把腿部整个叠压在身体上,这要经过捆绑才能形成。因为我们发现的这期材料很少,便没有

在大安后套木嘎工地拍照（2011年）

提出正式的文化命名，只是称其为双塔二期遗存。后来内蒙古考古所的吉平研究员主持发掘了科左中旗的哈民忙哈遗址，出土了大量这样的陶器，而且陶器组合比较全，整个聚落布局也比较清楚，既有墓葬也有房址，文化面貌清楚。因为他们的材料比较丰富，所以他们提出的哈民忙哈文化的命名我也认同。

至少在新石器时代的这四期遗存中，有两类都是在我们后套木嘎遗址中首次搞清年代、文化内涵并命名的新文化。通过这个遗址的发掘，加上以前双塔遗址的发掘，再加上我们的一些调查材料，可以说基本上把松嫩平原西部地区的新石器时代考古学文化的编年序列给建立起来了。

陈　飞：近年来，为寻求在北方边疆考古方面取得突破，您积极推动与俄罗斯、蒙古等地学者的合作。作为有着对外合作经验的您，是如何看待目前学界前往国外进行考古合作的火热现象的？

王立新：这个问题很大，也很重要。吉林大学涉外考古算是开展比较早的，2004 年，冯恩学老师就和俄罗斯滨海州的学者合作，发掘了靺鞨时期的特罗伊茨基墓地。这个时候走出国门发掘的，并且是以我们为主的，在国内还不算多。但是后来，做的就比较少了，中间甚至停滞了比较长的时间。最近几年，国家文物局比较鼓励去国外做一些考古工作。西北大学在这方面做得最好，走出去比较早，工作比较持续，时间比较长，而且他们有自己明确的学术目标。王建新老师发掘了东天山的遗址之后，就继续往西，他要追寻大月氏的迁徙路线。所以我就觉得，涉外考古要有自己的学术兴趣，要有自己的问题，追着问题去做，而不是说别人都去做了，我也要去做，不能为了出去而出去。

我最近几年在东北西部地区的调查和发掘中发现的新石器时代

到青铜时代遗存,有不少文化因素和俄罗斯境内的黑龙江中下游、外贝加尔地区,甚至整个欧亚草原都有着密切的联系。我在研究后套木嘎一期遗存的时候发现,后套木嘎一期陶器的纹饰见于黑龙江下游的奥西波夫卡文化的贡恰尔卡一号遗址;其中所见纵压横排的箆点之字纹,在更远的贝加尔湖东岸的卡棱加河口文化中也有发现,甚至是那边最流行的文化因素,而且二者的年代也差不多,卡棱加河口文化的年代是距今 15 000—10 000 年前后,而我们后套木嘎一期的年代是距今 13 000—11 000 年,跟它有着一段相当长的并行时间,它们之间出现这样的相似,表明虽然相距很远但还是有着交往的。而后套木嘎二期遗存,经过比较发现,不光吉林西部、黑龙江西部有,俄罗斯境内黑龙江中游的新彼得罗夫卡文化也是以这种窄细附加堆纹泥条为装饰特征的,两者的纹饰特征非常相似,而且年代也差不多。总的来说,研究东北的西部,离开了对境外材料的观察,是吃不透的。我们以前研究长城地带或东北地区的新石器、青铜时代文化,大多只注意它和中原的联系。注重研究和中原的联系是不存在任何问题的,因为没有语言的隔阂,但现在研究的薄弱环节恰恰是中国北方和欧亚草原之间各时期的文化互动。在中国北方和欧亚草原之间青铜时代的文化互动方面,乌恩先生、林沄先生、杨建华老师都做了很多工作,但是在新石器时代考古方面,注意的却不够。

我最近正在写的两篇文章,一篇是关于欧亚大陆北部的珍珠纹陶器,涉及的地域从俄罗斯滨海一直到乌克兰,整个欧亚森林—草原地带都存在这种陶器纹饰,是非常重要的一个文化现象。这种纹饰风格的传播,要远远早于丝绸之路的开通。后套木嘎就有这种纹饰的陶器,年代距今上万年,而且这种纹饰越往西年代越晚,到达东欧草原的时候,大概是距今 8 000—7 000 年前后,这和制陶技术由东亚逐渐西传的年代几乎是一样的。英国学者彼得·乔丹（Peter Jordan）的博士论文写的就是欧亚大陆早期制陶技术的传播过程，认为制陶术是从东亚起源，然后沿着欧亚大陆北部地区的森林—草原地带逐渐西传。另一篇是关于蒙古高原的网纹陶器。内蒙古东部地区如哈民忙哈遗址就有发现，吉林西部地区如双塔二期遗存也有发现，最近在乌兰察布化德裕民，还有张家口尚义四台等多个地点亦都发现有这样的网纹陶器。而这种网纹陶器的核心分布区却是贝加尔湖以西地区，勒拿河上游和安加拉河下游，最早的年代距今9 000—8 000年，要早于我国境内现在所发现的类似遗存。哈民忙哈遗址大概距今5 500—5 000年，乌兰察布和张家口的几个点都是距今8 000—7 000年前后，略晚于贝加尔湖以西地区，所以我觉得这种纹饰应该也存在一种起源和传播过程，大概也是从北方来的。以往由于中国境内发现较少，而且大多数学者存在语言的隔阂，很少注意到这方面的材料，现在看来新石器时代的文化联系就是如此紧密。所以，我为什么要和他们合作，就是发现了这样的问题。既然中国北方从新石器时代就与蒙古及俄罗斯西伯利亚地区存在紧密的联系，我们为什么不过去做一些工作？也就是说，走出去正是为了解决已经产生的学术问题。

今年夏天我们要和蒙古合作，在靠近蒙古南戈壁的巴彦洪格尔省发掘一处青铜时代的墓地，同时也要对尼尔森1924年调查过的几处南戈壁的新石器时代地点进行复查，学术目的中就包括寻找这种网纹或是麻点纹的传播路线，我已经在尼尔森的报告里发现了这样的网纹陶器。这是一个重要的传播路线，从贝加尔以西，往南经蒙古高原，然后到达张家口一带。我之所以想去，就是追着问题去的。我明年也有计划，与布里亚特大学合作，到贝加尔湖以东的外贝

与李伯谦先生在江西鹰潭(2014 年 4 月)

加尔地区做一些调查和发掘,目的也是探寻贝加尔湖区域和东北西部、内蒙古长城地带之间的文化联系。涉外考古一定要自己感兴趣,我有问题,我非要见到那个材料的实物,我要寻找那样的材料,不是光拿来人家的报告翻一翻了事。有了切身的感受,才能解决一些更深层次的问题。

陈　飞: 随着研究理论与方法的多元,中国考古学研究正经历着重大变化,部分研究者似乎不再重视考古地层学与类型学这些基础性的研究工作。您是如何看待这些现象的?

王立新: 可以说,在相当长的一段时间内,中国考古学仍然离不开考古地层学和类型学。即便是考古学编年序列最为完整的地区,都离不开这两种方法所起到的基础性作用。二里头、二里岗、殷墟、西周、东周的编年都基本完成了,但是编年完成之后,再进一步的研究仍然绕不开这两种基础方法。一个是有薄弱环节需要解决,比如先周文化的编年序列还不太完善,下七垣文化的分期还需要进一步充实和细化。大的年代序列建立起来后,是否有过对文化动态变化过程的进一步探索? 这个还是需要建立在细致的地层学和类型学相结合的分期研究基础之上的。是有一个年代标杆放在这里了,但是还有很多地区没有做过这个工作;编年序列建立之后,还要观察每一个文化的动态变化过程,然后再去探讨这个变化过程背后的原因。

在《早商文化研究》中,我最开始也是从地层学、类型学出发,做分类分期,之后进一步探讨文化的扩展及其背后的动因,而探讨这些问题的前提就是利用地层学与类型学方法把每一个地点出土的遗存都做出细致的分期断代,而不仅仅是利用一个标杆。若没有对每一个遗址点做出细致的地层学与类型学分析,能达到这样的认识吗? 又比如丰镐地区的西周文化,很早的《沣西发掘报告》就已经建立起一个分期编年序列了,而且那个分期也是大家认为比较好的分期。但是,没有进一步的地层学、类型学相结合的系统分期,张礼艳的《丰镐地区西周墓葬研究》又怎能取得那么多新的认识呢?她不仅探讨了葬俗的发展变化过程,还通过类型学比较在空间上对墓葬做了分区,说明了哪片主要是殷遗民墓,哪片主要是周人墓,哪片主要是戎人墓,这本书现在大家都比较重视了。丰镐这样一个大家都认为非常熟悉的点,经过细致的分期与比较研究之后,才能看到更深一层的东西。所以这些深层次问题的研究,无论是聚落研究,还是墓地研究,离开了更为细致的地层学与类型学,是难以取得突破性认识的。研究的问题不一样,导向就不一样,比如研究文化的变迁,就需要重新把每一个地点、每一个单位的年代定了,才能观察到整个区域,即便是这个地区的文化编年序列已经建立了,也无法完全抛开地层学、类型学。王青老师在给张礼艳那本书写书评的时候,就提到尽管现在已经进入了追捧科技与材料的时代,材料为王、科技至上,似乎地层学、类型学这样的基础性方法没有太大的用处了,但他还是倡导,仍然要加强这样的基础研究。没有这些基础的研究,如何能推导出更深层次的,所谓"透物见人"的认识呢?

陈　飞:您长期注重田野考古工作,先后主持了大山前、井沟子、双塔、后套木嘎等遗址的发掘及科尔沁沙地的调查工作,积累了丰富的田野经验,在后套木嘎遗址的发掘中也做了平面发掘法与探方发掘法相结合等一系列的尝试,您觉得发掘中积累的哪些经验值得推广?

王立新:后套木嘎遗址的发掘,我们首先是采用了新规程的标准,发掘方法、技术、记录手段等方面,都是按照新规程的要求来做的。尤其是第一年的发掘,感觉到挺费劲的。新规程强调堆积单位的概念,每一个堆积单位都要采样、浮选、记录土质土色等,做的是比较细致,但速度就比以往的发掘慢很多,大概发掘了三个多月才推进了一米深左右,想快也快不了。

第一年我们依旧采用探方法发掘,遇到重要的遗迹也打掉隔梁以保证遗迹的完整性。第二年,因为法籍留学生史宝琳(Pauline Sebillaud)和留学法国的博士生文臻的参与,我给他们划出了大概200平方米的区域,让他们完全按照法国的发掘方法发掘,我们这边则主要采用探方法发掘,两相比较,看各自的长处与不足。经过一段时间的比较之后,我认识到,法国的平面发掘法在判断遗迹现象时比较客观,不像我们先入为主。比如当地面上露出一条长条形的遗迹,我凭经验就会认为这是一条灰沟。而他们不是,他们对一个遗迹属性的判定是最后才得出的。他们碰到一块土质土色与周边不一样的区域就给一个编号,并画出线来,但并不先判断遗迹的属性。我早已经看出来是一条灰沟了,而他们却沿着整个灰土带打了好几个剖面,每一个剖面最后都呈现出一个 V 字形,里面有好几层,然后综合起来,才判断这是一条沟,才给一个沟的编号。这当然是比较客观的判断,而我们的判断中主观性较强。再一个是他们不留像我们这样规规矩矩的网格状剖面,但会根据实际需要随时留取剖面。比如发掘一个房址,他们会根据需要设置一个十字形的隔梁,这样就解决了纵横两面堆积的结构问题,这也是一个比较好的地方。再一个长处就是他们按堆积单位进行编号,以土质土色划分到最小的地层单元,当然这个已经被我们的新规程吸纳进去了。还有,不要网格状的隔梁,而是大规模地揭露,好处是比较容易观察同层面的遗迹分布,尤其是大的房址,面积可达一百多平方米,按 5 米×5 米的

与李峰、马克、史宝琳在巴黎（2017 年 5 月）

探方可能要分在四个探方内,而每个探方清理的进度又不一样,造成了遗迹的割裂。他们这点做得比较好,强调大的遗迹布局及遗迹之间的关系。虽然发掘过程中不留隔梁,但是为了控制坐标,在发掘区的周边会立一些很高的界桩,同样很有用。还有就是记录上采用数据库。这就是他们的长处,值得我们学习。

经过一段尝试之后,我们开始采用平面发掘和探方发掘相结合的方法,开始留探方隔梁,但每做完一层就打掉所有隔梁,展示出大的层面。在发掘区的外边界上采用三米长的钢管作界桩,一半打入地下,一半留在地上,上面标有刻度,即便是打掉了所有的隔梁与关键柱,因为有了高界桩,可以随时拉起绳网,恢复探方及隔梁的位置。对人家的发掘理念、方法及记录手段,有道理的都进行吸纳,充实到我们的新规程之中,这样结合起来的发掘效果很好。

当然他们的平面发掘法也有不足之处,比如编号方法。虽然我们的编号方法有先入为主之嫌,但我们至少先给出一个遗迹号,来统领遗迹内的堆积,即便判断失误,改号纠正也并不麻烦,这样能给人一种遗迹的完整感。而他们整个是编流水号,从 1 编到 800、900 甚至上千号。当我们面对这些数字时,并不知道它们意味着什么,还要翻记录,才能明白多少号到多少号是一个遗迹。从他们的流水号上,无法得到对遗迹的直观、总体的把握,所以这个东西我是抛弃的。我们的记录系统还是比较好的,是将两者结合起来。

我也查过,国内最早做平面发掘法尝试的是武汉大学的杨宝成先生和法国的杜德兰先生在河南南阳龚营的合作,与我们的合作模式是相似的;其后山东大学的栾丰实老师在日照两城镇的发掘中也做过类似尝试,也提到过国外的这种流水编号非常烦琐。我们这次又做了一次尝试,发现把两者结合起来是将来的一个好的发展方向。

当然这种平面发掘方法需要有一个比较适合的遗址,比如在中原地区文化堆积极其复杂的情况下,推广是不太容易的。每做掉一层就打掉隔梁,假如一个遗址复杂到没有可以连通的地层,就难办了。夏家店下层文化遗址有的就是这样,一个地层大约也就分布于两三个探方内,很少有一个地层能连通整个发掘区。这样的情况下,对经验不是很丰富的人来说,是极难掌握的。内蒙古考古研究所的曹建恩老师在发掘赤峰二道井子遗址时,想做这方面的尝试,就是以大的遗迹起建层面为关键面,小的地层都打掉。其实还是按探方法去做,保留了几个大的层面,如地面式房子层面、地面式房子与半地穴式房址交替的层面、最下面是半地穴式房址的层面,建筑的层面比较清楚,这样的做法比较好。虽然不是按平面发掘法发掘,但是强调了关键面。

陈　飞：您不仅长期致力于夏商周考古教学,而且常年带学生进行田野实习,作为一位老师,您对初入考古的学生和有志于学术研究的学生分别有什么建议?

王立新：我还是以吉林大学的学生举例来说吧,我每次给他们上课的时候都说,吉大考古有着一个好的传统,我到目前的任何一点进步都和我的导师与同事们的帮助密不可分。我之所以能走上考古学的学术之路,也是因为刚开始带队老师的引导,他们手把手地教,培养起了我的兴趣。所以我说,大家可能刚开始不一定就对考古专业感兴趣,因为有些人是被调剂过来的,但是兴趣是可以培养的,假如听了一些专业课,经过了田野实习,感觉到这个专业适合自己,那就下定决心去学吧。考古学研究是一个不断解谜的过程,很有意思,就像侦探一样,要去把一些纷纭复杂的现象、问题给解释清楚。逐渐有了这样的兴趣的话,就跟着自己的兴趣走,多读专业方面的书,慢慢地就会和我一样,走上考古之路。假如经过两年学习甚至经过了实习,你还不感兴趣,那你完全可以改行。因为做事主要是要看个人的兴趣,学习没有兴趣的专业,还不如尽早改行。海阔凭鱼跃,天高任鸟飞。一旦决定要学习这个专业了,那就要多看书,而且不要只看某一方向的书,考古最怕的就是知识面的狭窄。林沄先生为什么会有那么大的学问? 我和冯恩学老师曾经对他做过一个采访,题目叫《博闻强识,钩深致远》,可以反映出林先生的治学特点。古文字、古文献、考古方面的书,先生都看,都钻研。看的比别人多,认识问题才会比别人深刻、透彻,就是这个道理。

从我自身的成长经历来说,我想告诉同学们的就是,跟着兴趣走,感兴趣的话一定要锲而不舍,持续努力。而且知识面要宽,千万不要把自己的所有努力仅仅局限于某一个方面,过于狭窄。

陈　飞:再次感谢王老师您能够接受中国考古网的采访!

（原文于 2018 年 5 月 7 日发表于中国考古网,经作者修订。）

杨建华

在西伯利亚考察岩画

简　介

　　杨建华，1955年生，吉林长春人。现为吉林大学教授、博士生导师。1975—1978年在吉林大学历史系考古专业学习，毕业后留校任教至今。1981—1984年，师从张忠培先生，获历史学硕士学位；1997—2001年，师从林沄先生研究北方青铜考古，获历史学博士学位。担任中国考古学会理事、中国社会科学院古代文明研究中心客座研究员、中国社会科学院外国考古研究中心学术委员，英国剑桥大学高级访问学者（1993—1994年、2002年）、美国匹兹堡大学高级访问学者（2007—2008年）、国务院学位委员会第七届考古学科评议组成员。

　　主要研究领域为西亚考古、中国北方青铜时代考古。主要学术论著有《两河流域史前时代》《外国考古学史》《春秋战国时期中国北方文化带的形成》《公元前2千纪的晋陕高原与燕山南北》《两河流域：从农业村落走向城邦国家》《北方先秦考古研究》《欧亚草原东部的金属之路》等。主要学术论文有《燕山南北商周之际青铜器遗存的分群研究》《欧亚草原东部金属之路的形成》等。

心无旁骛踏实地，
守得云开见月明

——杨建华先生访谈录

采访者：马欢欢

马欢欢：首先感谢您接受中国考古网的采访。您作为"工农兵学员"，为什么选择考古作为自己的专业？

杨建华：当"知青"两年半以后，第一次往上抽调，我恰恰赶上招生，报了名之后被推荐上来。当时我报考了医科大学和卫校，结果被录取到了吉林大学考古系。能够离开农村上大学，我对专业并不挑剔。但是对我来说，喜欢上考古确实花了很长时间。

马欢欢：我们都知道，您是国内较早从事外国考古的研究者，在那么早的时候，是什么样的契机让您开始从事西亚考古研究的呢？为什么选择西亚的新石器时代考古？

杨建华：上了大学以后，一开始我对考古不太感兴趣，就把精力放在学外语上了。我真正喜欢上考古，是大学做本科毕业论文的时候，发现考古可以真正通过资料研究问题，经过这么一个完整的过程，觉得这个学科还挺有意思。留校以后就到了外语系跟着本科生学了两年外语。1981年读林志纯和张忠培老师的硕士，他们开始培

参加白燕遗址的发掘(1980年)

左数：杨建华、王克林、黄景略、张忠培

养我从事外国考古。林志纯先生给我的第一本书就是《近东新石器时代》(*The Neolithic of the Near East*),我就是从那本书开始一点一点学西亚考古的。当时,林志纯先生为什么在世界史研究领域那么超前,主要是因为他翻译了《剑桥古代史》。《剑桥古代史》是70年代最新的研究,里面有关于农业起源方面的内容,所以他也写了一些这方面的文章。他推荐我看这本书,我用考古学的方法,通过世界史的书了解这些新的发现与研究,逐渐将张忠培先生的考古学方法和林志纯先生的世界史知识结合在一起,然后走出了一条自己的路。

我是主动学外国考古的,当时是真的不知道学外国考古有那么多难处,只是怀着一种好奇心,想着发挥自己的外语优势。

我出国是很晚的事情了,其实主要还是在国内收集资料。我去剑桥是1993年,是和Joan Oates博士学两河流域考古。当时我的《两河流域史前时代》那本书已经出版了。社科院考古所的资料非常全,所以林沄老师在这本书的序言中提到,感谢夏鼐先生。夏鼐先生特别有眼光,当时虽然没有中国学者做这方面的研究,但是重要的杂志他全订了,比如 *Iraq*、*Sumer* 等,很全面,所以我才能在没出国之前就写出那本书来。当时没有网络,但是我已经认识了英国剑桥大学的Dr. Joan Oates 和美国波士顿大学的 Dr. Norman Hammond,我和他们通信,可以从他们那儿复印点儿资料。那时候复印费很贵,他们还邮寄过来。像索万遗址、耶里姆遗址,我这里有多次发掘的全部简报。当然那时资料也好收集,做西亚考古研究的只有英国和美国学者,期刊也少,所以资料收集齐全相对容易,而且只要懂英语全能看懂。不像现在,现在做两河流域考古要收集全资料简直是不太可能的事情。

诺曼·哈蒙德教授在吉大讲座期间担任翻译(1981 年)

马欢欢：1993—1994 年,您在剑桥大学期间,有什么收获?

杨建华：当时在剑桥大学,Joan Oates 博士对我特别好,她每周都会拿出一定时间与我讨论。我在与她讨论的时候,她对我在西亚、两河流域资料的熟悉程度方面感到吃惊。当然那个时候资料有限,尤其是做硕士论文的时候,资料确实很熟悉。在剑桥大学期间除了跟 Joan Oates 博士会谈,主要的时间就是泡图书馆。在剑桥大学最大的收获是对当时两河流域考古研究有了全面的掌握。之前只是根据报告、简报等资料做了分期并建立了时空框架,是在不了解他们研究方法的情况下,按照中国考古的方法来对那些原始资料进行梳理。

在图书馆里收集资料,我是将笔记和复印二者结合起来的,有些图画起来太费劲就复印,但是整本书的复印还是感到资金不足,太沉的资料带回来也不方便。

我对当时西亚考古研究的整体印象是,在剑桥大学做西亚、两河考古的学者应该说是顶级学者,西亚、两河考古是世界考古的擂台,各个国家都去做,但当时是以英、美学者为主导,尤其是史前考古这部分。那时已经有新考古学了,但是这些学者进行的两河和西亚考古仍然是从实实在在的考古资料出发,又能上升到新考古学所关注的社会发展、文明起源等问题,它的研究是从下到上非常完整的,具有很多个案。我们通过对这些个案的了解,知道外国人是怎样考虑问题的,在研究些什么。这种对实际案例的学习,要比抽象的理论方法实用很多。

马欢欢：您的硕士论文是《试论萨玛腊文化》,里面讲到乔加·玛米过渡陶(ChogaMami Transitional Pottery),这应该是您的首创吧?

杨建华：这个名词不是我的首创,我只是分析了它的来源。但是我的这些研究成果并没有用英文介绍出去，我现在觉得他们以后迟早会发现中国早就有学者在研究这些问题了。外国人研究异国的考古学具有什么优势呢？以前我认为外国人接触不到实际资料，他们的研究有点隔靴搔痒。后来我看了宫本一夫先生写的《从神话到历史》之后，感觉他是从整个欧亚大陆的角度来划分中国的考古学文化格局，中国人是把中原与四周地区划分开，而他是将南部的农业和北部的游牧划分开，这种划分具有更大的视角。通过这个事情，我发现在研究两河流域方面，中国的方法应该是具有一定的借鉴意义的。这增强了我们从事外国考古的自信心，我们中国人研究外国考古有自己独特的视角。

马欢欢：您 2014 年出版的《两河流域：从农业村落走向城邦国家》一书中提到，您从事西亚考古三十多年，十年磨一剑，您三十年磨出了三把剑，能跟我们谈谈这"三把剑"吗？

杨建华：这"三把剑"我是这样想的，第一个是我去剑桥大学之前，这把剑就是我的《两河流域史前时代》那本书，用中国考古的方法重新全面地梳理了两河流域的原始资料，是对时空框架的建立。第二个是 1993—1994 年和 2002 年两次去剑桥大学，在此期间，我看到了很多国外的研究成果，从事了一些个案研究，比如交换方式、聚落的演变等，这就是我所说的"第二把剑"，是从国外的成果出发，结合自己看到的资料做的具体研究。第三个就是 2014 年出版的《两河流域：从农业村落走向城邦国家》这本书，把我建立的时空框架和后来的个案研究结合起来进行总体的梳理。这本书体现了个案研究在我的整个框架内所占的位置，构成了一个体系。但是张忠培先生在这本书的序言中说了，其实这"三把剑"是一把剑，就是西亚和两河流域研究的这一把剑的三个阶段。其实我是三十年磨了一把剑。

现在看来当时的研究很有阶段性,但当时就是跟着感觉走,并不是硕士阶段接触西亚就打算十年干这个、十年干那个,这个不需要计划。实际上这更体现了学科内在的发展规律,就是我原来提出的考古学研究的三个层次:首先是建立时空框架;然后是重建当时社会的各个方面,就是一些个案的研究,或者叫做透物见人;最后上升到发展规律的认识,现在叫"过程考古学"。

　　马欢欢:您还做了一些西亚、中国、美洲的比较研究,如《美国西南部史前聚落形态及其比较研究——兼论文明起源的动因》《试论文明在黄河与两河流域的兴起》等,您觉得不同地区的考古学研究有什么可以相互借鉴的地方?

　　杨建华:两河流域与黄河流域的比较是发展过程的比较,例如黄河流域与两河流域是怎么进入国家阶段的?它们的早期国家有哪些不同?一定要从根源上找原因,在史前时代它们的发展道路就有区别。我在《试论文明在黄河与两河流域的兴起》中谈到,首先家庭模式不同,两河流域是扩大家庭,黄河流域是核心家庭,核心家庭对血缘组织有很大的依赖,氏族比较发达。其次是分工和交换不同,比如两河流域很早就有印章,因为需要交换,确认物权,表明这个东西是我的;中国是自给自足的经济,交换的作用不那么突出。最后是文化发展模式不同,他们有人群的交流,使得文化经常被替代。中国新石器时代六个分区,相互之间只有文化因素的传播,文化没有像波浪一样传过去然后再回来,所以中国的发展比较缓慢,但每个地区都有自己的根基,相互融合之后形成中华民族多元一体的格局。而两河流域则是哪个文化先进就取代其他文化,发展速度快,但缺少源头。这也跟它的地理位置有关,正好处于各种力量争夺的地区,所以后来波斯帝国将它消灭,然后马其顿希腊化,最后又是阿拉伯,这与它史

在剑桥大学与伦福儒教授合影(2002 年)

前的发展模式是有关系的。

与美洲的对比则是比较偶然的,看到资料后觉得可以这样解释。美洲房屋的群落经历了一个形成的过程,由地下逐渐到地上,周边共用一个地下原有的房屋,变成了 Kiva,也就是祭室,导致地下的祭室内祭拜的是所有周边这些地上房屋的共同祖先,它的存在使得血缘纽带极为紧密,所以北美洲最后也没有进入国家层次。

不同地区考古学的借鉴主要是从发展规律上看,每个地区都有不同,就要寻找其中的原因。方法上也可以借鉴。西亚考古比较注重聚落的研究,但是缺乏对聚落发展历时关系的纵向比较。聚落分三个层次,第一个最微观的是一个房址内的设施及布局,第二是聚落内各种建筑之间的布局,第三是一个地区不同聚落之间的布局。按照这三个层次就可以进行纵向、横向的比较。前两天我看到张忠培先生说的时间、空间、遗存和人,这就是一个比较的方法。考古学方法通了之后,大道至简。这种比较能够得出很多东西。两河流域的聚落我分了几个阶段,实际就是不断分化和整合的过程。所以就西亚考古研究来说,有来自各国的学者,但其研究方法并没有实质差别,考古的方法还是大家公认的东西;但具体到细节,比如技术层面上,一个探方打多大,留不留隔梁,只是某方面的差异,没有实质性的差别。

马欢欢:您 1997 年开始关注中国北方青铜考古,当时您在西亚考古方面已经取得了一定的成果,在这时扩展新的研究领域,有什么考虑?

杨建华:我 1997 年开始念博士,在这之前并没有关注北方,但是我做大学毕业论文时特别羡慕被分到做北方青铜器研究的同学。当时的规定是,你来自哪个省就写哪个省的资料。我羡慕河北的同学,他们有北方青铜器,而我是吉林省的,吉林省就没有,所以我本

在张忠培先生家

科论文写的是西团山遗址。我觉得青铜器比较有意思,而且我们自己的老师——林沄老师还特别有研究,当时比较羡慕这个,仅此而已,大学毕业后就没有涉及这方面。1997年有两个偶然的机会,一个是1996年我成为教授之后,想继续攻读博士学位;另一个就是两河流域长期战乱,没有新资料。我的研究时间是有限的,不能等,所以我另选研究方向,打算读一个中国考古研究方向的博士。到了剑桥大学以后给我的感受是,我学国外的永远跟在别人后面,人家认为这就是"ABC"水平;如果我做中国研究,他们就得请教我,所以特别能体会孙正聿那句话:"民族的才是世界的。"我在国外学了那么多方法,返回中国,在中国再找一块研究领地。我学商周也是想学一学古文献,所以就考虑读林沄老师的博士。

马欢欢: 您的博士论文《春秋战国时期中国北方文化带的形成》,也是您在北方青铜方向的第一部专著,能谈谈这本书吗?

杨建华: 选择林沄先生为导师,学习商周考古,当时有两个选择,一个是做中原青铜方向研究,一个是做北方青铜方向研究。一开始我并没有想到北方青铜方向,在进师门之前,林沄先生让我看看国家起源理论,当时可能想让我做二里头方面的研究。这时有一个契机,匹兹堡大学申请到一个中国北方聚落调查项目,我就陪林嘉琳到内蒙古做调查,当时我看到内蒙古有很多北方青铜器的资料,这勾起了我大学时代的回忆,我当时特别羡慕做北方青铜研究的同学,而且林沄先生在北方很有优势,所以后来我就选择了北方青铜时代考古。

当时研究北方青铜时代考古的学者很少,如林沄先生、乌恩(乌恩岳斯图)先生以及田广金先生等。很多学者基本都在研究中原地区,只有外国学者对中国的边疆比较感兴趣,不像现在这个领域这么热,我还是很有先见的。

博士毕业与导师林沄先生合影(2001年)

说到我的博士论文,当时我是先看资料并逐渐思考一些问题。比如甘肃天水地区,在新石器时代是大地湾文化,为典型的农业文化,到战国时期,天水地区出土器物转变为北方草原风格,所以这一地区从新石器时代到战国时期经历了从农业到游牧的转变过程。这一现象很有意思,因为中原地区从新石器时代到现在一直都是农业经济,所以我对北方地区的这种变化很感兴趣。当时想做从夏代至战国时期整个北方的研究,后来发现题目太大了,十年也不能毕业。从我发表的文章能看出来当时我是一段一段做的,一开始从河北做起,先是燕山以南的文化格局;然后是燕山以北夏家店下层,我做的是东山嘴遗址,因为当时文化研究已经很细致了,我就从聚落布局方面研究;然后到周代的冀北青铜器;最后到东周。河北就做了这么长时间,还有内蒙古、甘肃、宁夏,时间跨度太大,后来就选定做东周时期,把整个北方通下来。还有一个重要原因是吉林大学1979年发掘了张家口的白庙墓地,我参加了整理工作。这个遗址是东周时期冀北一个非常典型的遗存,尽管现在没有发表资料,但是我有白庙墓地的墓葬卡片,对墓地分期比较有把握。我将墓地分成两期,和靳枫毅做的军都山墓地的分期是不谋而合的,所以我就更有把握了。理清了河北之后,我也将甘肃、宁夏的文化分期做出来了,所以我决定把东周时期的北方文化作为博士论文的基本内容。

《春秋战国时期中国北方文化带的形成》一书的基础是我能把这三个地区的分期理顺,河北有分期,内蒙古有分期,甘肃、宁夏有分期,并通过相互比较确立了整个北方地带东周时期的分期。以前提到东周都是把它作为一个大的时期来看待,如果不进行分期,其他问题就没法讨论。分期是基础,然后才能谈文化的演变,比如文化相互之间的交往,有了分期就知道,早期是功能性的器物从西往东传,晚期是文化认同的器物,如陶器、饰牌等从东往西传,这些问题都是在分期基础上讨论的。然后是经济类型问题,由殉牲情况来讨论各地不同的游牧类型,以养羊为主,以养牛为主,或以养马为主,在这个基础上做了一些研究。正式答辩是 2001 年,《春秋战国时期中国北方文化带的形成》这本书正式出版是 2004 年,到现在这本书中的文化分期还是中国北方东周时期大家公认的分期标准。比如朱凤瀚先生的《古代中国青铜器》再版以后,他的北方青铜器的分期用的就是我的分期标准。秦始皇帝陵博物院做的为展览出版的书《萌芽·成长·融合——东周时期北方青铜文化臻萃》也是以我的分期为基础。最近,固原王大户与九龙山的报告也是用我的分期。所以在新资料还没出现的时候,这个分期是得到大家认可的。最近我才发现乌恩岳斯图老师 2005 年在《中国文物报》上为我这本书写的书评,他的总体评价是"不仅填补了这一空白,而且研究很有深度,提出了很多颇有新意的见解,使北方地区古代少数民族遗存的研究提高到一个新的高度"。

我后来出版了论文集《北方先秦考古研究》,这个论文集的目录就反映了我的研究过程。燕山南北是我研究的东部的重点,实际上是一个时空框架的梳理,在这个基础之上我做了一些社会如族属领域的研究,比如戎和狄之间的关系、游牧经济的出现、墓地的社会结构以及中国北方与欧亚草原的交往,这些都赋予原有的时空框架更多的实际内容,使历史丰满起来,重建了一个有血有肉的历史。这也是对张忠培先生讲到的"透物见人"的一种尝试,反映了我的中国北方考古研究的一个历程。

马欢欢:您最近出版的《欧亚草原东部的金属之路》一书,体现了一种国际化的宏观研究视角,您能谈谈这种视角在边疆考古研究中的优势吗?

在美国匹兹堡大学林嘉琳教授办公室

杨建华：中国北方实际上是欧亚草原的一部分。记得博士论文答辩时有些老师提出，我的博士论文和国外的研究相比还是比较粗浅的，不是特别深入。我觉得苏秉琦先生的区系类型理论可以用在这上面，把中国北方看成欧亚草原的一个区域，以欧亚草原为视角来看中国北方，就不像以前坐在中国北方向外看，哪个文化和中国北方文化相似就和它比。把整个欧亚草原文化系统地梳理之后，会发现欧亚草原不是一个整体，它的各个区域都有自己的特点，这时才能知道中国北方与欧亚草原哪一区域的哪一文化相似，从而确立中国北方与某一地区之间的联系。比如说和米努辛斯克盆地、阿尔泰山的联系以及和天山的联系都是不一样的，各地的文化也是不一样的。以前总是笼统地说中国北方文化和黑海沿岸的斯基泰相似，实际上真正和斯基泰相似的东西太少。因为斯基泰在黑海，那是欧洲草原，以乌拉尔山为界这边的亚洲草原才是和我们联系更密切的。我对有銎战斧的研究仅是《欧亚草原东部的金属之路》一书的个案，我是一个一个案例研究完才最后汇总成这本书的。在写作过程中，契尔耐赫写的《苏联古代冶金》对我的启发非常大。公元前3500年，整个欧亚草原的标准器物是管銎战斧，公元前2000年，欧亚草原的标型器是空首斧，我抓住这两件东西来谈中国北方与欧亚草原的关系，就是从单一的一件器物来谈文化的交往。

中国北方在欧亚草原的研究中可以起到非常重要的作用，因为中国北方很多文化遗存的年代是可以确定的，欧亚草原很多文化遗存的年代都是靠碳十四测年。在相对年代方面我们占有非常大的优势，我们有发言权。我非常喜欢张忠培先生说的"绝对年代是相对的，相对年代是绝对的"。相对年代，比如说二里岗时期出现的朱开沟的器物，年代在早商，没有太大问题，和它相似的器物可以将年代确定在早商时期,也就是公元前 15 世纪前后。现在的碳十四年代总是在不断地变,反而成了相对年代;而二里岗上层伴出器物的年代,本来是相对年代,是靠共生关系确定的,但这种关系是绝对的。

马欢欢:目前,中国北方和欧亚草原考古已经成为考古学的一大热点,您认为这一领域的新方向和发展空间在哪里?

杨建华:是的,尤其是"一带一路"提出以后。我后来写了一篇文章《中国北方东周时期两种文化遗存辨析》,将整个中国北方进一步分成南北两个部分,靠南一些的文化遗存主要和中原地区相联系,靠北一些的文化遗存主要是和欧亚草原相联系。另外一个特别重大的问题是从青铜时代开始中国北方由农业经济变成了农牧混合经济,到春秋战国时期,中国北方已经游牧化了。农牧混合经济怎么变成游牧经济,也就是游牧化的过程,是一个世界级的课题,一直没有找到一个非常有说服力的个案,这在中国也应该是一个大课题,至今没有解决。经济类型的转变、不同文化之间的交往都可以做研究。再有中国北方的社会发展阶段,通过墓地也可以做很多深入的研究,发展空间还是很大的。

马欢欢:1996 年您出版过《外国考古学史》一书,当时中国学者撰写的外国考古学思想史专著并不多见,您能谈谈写作这本书的目的吗? 您是怎样看待中外考古学理论的借鉴? 我们应该注意哪些问题?

杨建华:那时我给学生开这门课,需要教材。当时主要梳理的是英语国家的考古,以北美和欧洲为主,由于资料的限制不能对德国、法国等国家一一梳理。当时拿了两本书,欧洲以英国为主,格林·丹尼尔的《考古学一百五十年》,还有美国的《美洲考古学史》,

以这两本书为主,把英美的考古学发展梳理了一遍。后来有老师见了我说,看了我的《外国考古学史》才知道外国考古学史也不是铁板一块,分成欧美两个不同的系统。这种不同是由各自的历史决定的,北美洲没有历史文献,就需要进行民族学调查,所以它的考古学在人类学系里;而欧洲是有历史文献的,和中国比较相似。中国的考古学是从国外传来的,是外国影响的产物,在中国有了考古学之后,中国和外国始终是并驾齐驱的。1949年之前,中国考古学和外国的联系比较多,1949年之后,就走了自己的道路。了解中国考古的整个发展过程,才能正确评价现状,知道将来中国考古学应该走向何方。所以说考古学史并不是以梳理重大发现为主,而是对理论和方法的发展和回顾的梳理。80年代后期中国的理论方法很热,写这本书,主要是让国内学者看看国外考古是什么情况。

很多年轻人告诉我,这本书非常适合出国之前临时抱佛脚,就是通过这本书可以快速了解国外的考古学情况又不用去查原始资料。但是想真正了解国外考古学,还需要很多时间。比如我就写到90年代,现在又过了二十年,考古学理论一直在发展。年轻时我对考古学理论特别感兴趣,年轻气盛。张光直先生讲学的时候也说,年轻时他就考古学理论方法也写了几篇文章,后来岁数大了就回归到资料的研究,觉得理论很多是思辨的过程。理论方法要想持续发展要有一块试验田,不能是空中楼阁。所以我这么多年都没有招过理论的硕士,因为我觉得不能让一个学生什么都不学只坐在那儿思考。我觉得硕士首先应该有一个方向,然后再培养理论思考,这样就能知道这种理论方法在这个研究领域中是否有用。

马欢欢:近几年,国内的考古工作者参与了中美洲、中亚、非洲等地的考古发掘,中国考古"走出去"已经成为一种趋势,您作为国内一直关注外国考古研究的学者,对此有何展望?

杨建华:实际上我做北方青铜时代考古研究的时候,同样会涉及国外的材料,查资料的时候,总想看看国外是怎么做的,有好奇心,不满足于国内的研究。我所关注的中国和国外的联系可分为两个方面,一个是中国的文明起源和两河的文明起源,这种联系没有文化之间的交往,是并行的,我们主要关注两者的发展道路以及模式的区别;另一个是中国北方与欧亚草原之间的交往,它们之间有文化上的交往。对于第一种,中国到中美洲或埃及发掘,这和中国是没有文化上的联系的,是对另一个文明古国进行研究,然后与中国进行比较。对于这种研究我觉得,我们现在是走出去了,但是我们在走出去之前的准备是不足的,国内没有任何人研究,是在摸索中前进的。但好处是,只要发掘了就有发言权,因为资料是新发现的,外国人也对此感兴趣,这是取得话语权的捷径。第二种情况,中国北方与欧亚草原的对比研究,比如现在到中亚去发掘,如果和中国有关系,我们还可以提供我们自己的有力证据,这方面我同样觉得中国原来的研究工作有不足之处。去了以后也可以很快取得话语权,只要发掘就有新资料。所以中国现在的影响力大了,中国考古的影响力也不一样了。我们做了那么长时间的国外考古研究,一直没出去过,现在想去就可以去,还可以直接邀请国外学者来中国讲学,这比自己从文献中梳理要快得多,所以时代不同了。我主要是生不逢时,现在这么好的时候我已经快退休了,但是我还是给国内学者介绍了一些研究,可惜的是现在西亚和两河流域一直在打仗。现在做两河流域只是提供一个理论方法的个案,不一定能直接去发掘,因为研究地中海文明的学者都是顶级学者。21 世纪初剑桥大学麦克唐纳考古研究所在伦福儒的领导下已经开了几次会将地中海文明的研究重点转移到了欧亚草原,欧美国家学者跟他们进行合作研究的机会要比以前多。

马欢欢: 在您的执教生涯中,指导过一些西亚考古的硕士和博士,您有什么感受?作为学位委员会考古学科评议组成员,您对未来国内高校培养外国考古方向人才有什么期待?

杨建华: 其实我在西亚和两河考古方向招的学生特别少,我开始招硕士的时间是很早,但是加在一起读西亚的人却很少,这个我能理解。一是读起来费劲,别人看汉语,你要看英语;二是就业困难,很少有考古所会要一个西亚考古方向的硕士;三是发表文章很难,会影响到将来评职称。我后来转到中国考古方向才发现这些问题,我觉得学考古也是要谋生的,所以,我自己都转向中国考古了,但我还是觉得这个方向是要有人做的,那就看个人爱好和谁能坚守在这个领域了。我和彭博(一个硕士生)说,你们学这个不是只研究西亚,这种方法也可以拿来研究中国新石器时代考古,这样就比专门做中国新石器时代考古研究的研究者使用的方法多。

我记得在写西亚硕士论文时,像着了迷一样,精力旺盛,但是,我当时学西亚时已经留校任教了,现在的学生学西亚考古面临一个找工作的问题。最早在《考古》投稿时,人家说没有审稿人就不能投,文章的发表就成了问题。若是想做西亚考古研究,可以用它的方法来研究中国。中国考古向来以研究本国考古为主,所以有时我会说,中国有世界史没有世界考古,世界史有专门研究希腊的,有《世界历史》这个杂志。我相信大家会意识到这种需要,我也很庆幸我仍然在这儿坚守,但是我的学科在萎缩。当年吉林大学考古有两个特色,朱泓老师的体质人类学和我的西亚考古,现在一对比差别挺明显的。后来我就后悔没有早点带西亚考古方向的博士,那样还能多培养些学生,因为只念到硕士肯定不够留在大学做科研。

现在,考古学是一级学科,外国考古理应成为二级学科。但中国研究外国考古的实在太少了,它的发展空间很大,要走的路还很长。最主要的是要培养人才,没有老师教,在国外学完回来,再教学生,要有一个很长的过程。不过我很看好这个方向的前景,因为中国考古都已经走出去了,这是掌握外国考古的捷径,要比在家梳理这些资料快得多。但如果只做发掘工作,不了解之前做过的研究,很难达到理想预期。不管怎么说,走出去就是跨出第一步了,应该给外国考古一些时间。

马欢欢:谢谢杨老师!再次感谢您能接受中国考古网的采访!

(原文于 2017 年 1 月 12 日发表于中国考古网,经作者修订。)

张雪莲

加速器质谱测年制样工作(考古研究所加速器质谱测年制样实验室)

简 介

　　张雪莲,1957年12月生,现为中国社会科学院考古研究所研究员、博士生导师。获理学学士、理学硕士、史学博士学位。1999—2001年为中国社会科学院博士后流动站在站博士后,2001年8月留考古研究所工作至今。2008—2009年获国际基金资助先后在美国斯坦福大学、德国基尔大学做访问学者。

　　研究方向为碳十四考古年代学、古人类食物研究。在夏商年代研究、新石器时期年代研究中获多项研究进展;首次通过元素仪在国内建立了古人类食物营养级研究的氮十五分析,为文明起源及社会复杂化研究提供了重要参照;主持建立了高精度加速器质谱碳十四测年制样实验室。发表论文数十篇。获得多项省部级科研成果奖,2005年1月获得由中国科协授予的"全国优秀科技工作者"荣誉称号,2005年10月获得由国家人事部和全国博士后管理委员会授予的第二届全国"优秀博士后"荣誉称号。

俯首实验，严谨治学

——张雪莲先生访谈录

采访者：张丽荣

张丽荣：张老师您好，感谢您接受中国考古网的采访！

张雪莲：丽荣您好，很高兴能通过中国考古网回答您的问题。

张丽荣：在您进入中国社会科学院攻读碳十四年代学之前，曾在我国著名的文物保护专家王丹华、胡继高等先生的指导下从事文物科技保护工作，在20世纪90年代又承担了国家文物局"古代纺织品保护研究"的课题，并取得了丰硕的成果，发表了一系列文章。那么您缘何放弃文物保护而走向碳十四年代学的研究呢？在您看来，这两个方向在方法论上有什么相通性吗？之前的文物保护工作对您后来的研究又产生了什么样的影响？

张雪莲：正像您上面提到的，王丹华、胡继高、陆寿麟等先生是我国著名的文物保护专家，从20世纪80年代开始，我有幸得到这几位先生的指导，从事文物保护工作，先后做过青铜器、石器、竹木漆器等文物的保护，后来又承担了国家文物局"古代纺织品保护研究"课题，在工作上取得了一定的成绩。文物保护这个我最初踏进的文物考古领域的行业，不仅让我学习到有关文物科技保护方面的知识、技能，而且

采访导师（考古研究所常规实验室）

周围的许多人、许多事时时刻刻地影响着我、教育着我,使我在关于人生的认识上也受益良多,至今仍让我十分留恋。

1996年,国家"九五"科技攻关项目——夏商周断代工程启动,我报考了断代工程首席科学家碳十四年代学家仇士华先生的博士,从此开始了碳十四测年研究工作。

夏商周断代工程在当时是1949年以来历史科学领域中规模最大的科学研究项目,项目涉及了考古学、历史学、天文学和碳十四测年技术四个学科中两百多位国内一流的专家,国务院为此组织了专家组,并任命了首席科学家。工程设置了九个课题、四十个专题,目标是建立夏商周三代年表。那一年五月份断代工程启动的消息在《人民日报》等大报刊登,同时还报道了围绕这一启动工作专家学者们热烈讨论的激动人心的场面。我当时也被这一消息以及相关的报道所感染、所振奋,非常希望能加入这个群体,使自己在学术上得到历练,同时也企盼能面对面地接受平时仅能在学术刊物上见到的先生、学者们的教诲。在接下来的岁月里,我实现了自己的愿望。现在每每想到这些,仍然让我感慨、欣慰,还有感激。我非常感谢我的父母、我的导师,感谢断代工程和考古研究所的领导和老师们给我的支持和帮助,对此我非常珍惜。

在做文物保护工作的过程中,我渐渐体会到,我们要保护的不仅仅是文物的本体,还有它所负载的信息、它所承载的内涵。实际上,对文物内涵的保护和发掘也是文物保护的任务,年代研究是其重要方面,是一项基础工作。因此,在做文物保护工作的那些年里,我也经常拜读仇士华先生和蔡莲珍先生的文章,以加深对文物保护工作的理解和认识。但通过这些年来的工作和学习,我对这一专业工作的认识和最初的时候相比还是有了较大的改变。从方法上看,显而

在考古工地（良渚遗址）

易见文物科技保护和碳十四年代学的共通之处是都是通过科技手段实现其工作目标。从具体工作内容上看,文物保护比之碳十四年代学似内容更广。如由于文物的材质各异,涉及青铜器、石器、陶器、竹木漆器、纺织品等,所以文物的保护同样就要涉及每一种材质文物的病害原因、病害发生条件、病害腐蚀机理、保护方法,以及保护材料的化学结构、特点、保护机理等等。而碳十四年代学,主要是围绕一个方面进行研究,相对来说更专一些,专业要求更高。这两项工作都给我留下深刻印象的是它们的实践性,即在科学理论指导下的实践——科学实验。

张丽荣:碳十四测年方法给考古学带来了全新的革命,自从夏鼐先生将碳十四测年引入中国,多年来的研究取得了哪些成就? 大体可分为哪几个阶段?

张雪莲:碳十四测年方法建立后,给西方的考古学带来了一场革命,使年代认识上的谬误得到澄清,由此推进了研究的深入。在夏鼐先生的关心和亲自组织下,1965 年中国社会科学院考古研究所建立了国内第一所碳十四实验室,从此中国的史前考古学研究如同插上了腾飞的翅膀。

碳十四测年研究大致可分为四个阶段:实验室建立、数据积累、深入研究和系列样品研究。

20 世纪 50 年代末,夏鼐先生将在中科院原子能研究所进行原子能应用研究的仇士华、蔡莲珍先生调入考古研究所,进行碳十四测年研究工作。两位先生在当时一穷二白的条件下,经过几年的努力,自己动手研制了用于测年的气体计数器等设备,通过对考古学家提供的已知年代样品的盲测成功,宣告了实验室的建成。实验室建成后配合考古学研究厘清了考古年代研究中一些模糊不清的问题,如齐家文化的年代、仰韶文化的年代、华南地区一些史前洞穴的年代、崧泽文化的年代等等。为中国史前考古学研究走向深入奠定了年代学上的基础。

在年代研究的同时,实验室还为相关单位培训业务人员,推进了国内碳十四测年研究工作的开展。

碳十四测年对中国考古学的最大贡献在于对史前考古学研究的推动和深化。截止到90年代,在对2 000多个碳十四数据测定研究的基础上建立了旧石器晚期以来中国史前考古年代序列,成为史前考古时空框架建立的基础。

与此相关的研究主要还有:

1. 史前遗址中发现的房址白灰面的研究。通过对白灰面的测年研究,证明早在距今几千年的新石器时代,我们的祖先已经知道利用石灰涂抹墙壁和地面进行防潮,并掌握了烧制石灰的技术。

2. 炼铁燃料的研究。通过不同时代铁器的测年研究,证明我国炼铁一直是以木炭为燃料,宋代以后才改用煤为燃料。由此,从汉代开始就用煤为燃料的传统说法得到修正。

3. 石灰岩地区年代研究。石灰岩地区由于"老碳"的影响,使碳十四年代与实际年代产生偏离。通过实地考察,并结合水生生物和陆相生物的研究测定,最终获得可靠的年代,为石灰岩地区年代研究提供了参照。

4. 中国糖碳标准的研制。20世纪80年代,实验室主持了中国糖碳标准的研制。中国的糖碳标准是继美国草酸、澳大利亚蔗糖、维也纳淀粉等国际标准之后的又一现代碳标准物质,这体现了中国碳十四年代学研究的实力和水平,也是中国碳十四年代学走向世界的一个标志。中国糖碳标准在80年代初获得国家科学技术进步三等奖。

5. 古人类食性研究。结合年代校正工作,首先在国内建立了碳十三分析方法,分析了仰韶、陶寺等遗址人和动物的主食状况。

6. 实验室组织了国内碳十四数据比对。20世纪80年代实验室在总结国际碳十四数据比对的基础上组织了国内实验室之间的碳十四数据比对,促进了实验室内部的质量控制工作。

20世纪90年代中期,夏商周断代工程的实施也给碳十四年代学的深入与发展带来了契机,使我国的碳十四年代学研究上升到一个新的水平,这也为后来的中华文明探源工程中的年代研究奠定了基础。

断代工程中,在高精度测年研究的基础上,通过系列样品方法的应用,使武王克商之年限定在公元前1050—1020年的范围之内,同时完成琉璃河系列、殷墟系列、郑州商城系列、偃师商城系列、长安马王村H18地层系列、二里头系列等,建立起了夏商周碳十四年代框架,为三代年表的建立提供了依据。

在继夏商周断代工程之后的中华文明探源工程中,结合系列样品方法的深入探讨,使二里头一期的年代进一步明确,为公元前1700多年,同时完成了龙山晚期—新砦—二里头—二里岗考古年代序列的建立。

张丽荣:就目前来看,碳十四已成为考古界所应用的最为准确的测年方法之一,相比其他测年方法,它有哪些优势?

张雪莲:碳十四测年是考古领域目前应用最为普遍的测年方法。

年代测定的方法有多种,但并不是每一种方法均可应用于方方面面,而是据其可测范围与可测对象,适用于不同的学科或领域。碳十四年代学可测对象为含碳物质,如木头、木炭、动植物遗存等,这往

在工作站(安阳考古工作站)

往是考古遗迹中容易得到的,其可测年代范围为五万年以内,属于旧石器晚期以来的时间段,而这恰是考古学研究的年代范畴。所以,碳十四测年是目前考古领域应用最为普遍的测年方法。

如果论其准确度,从表面上看似乎热释光方法比碳十四方法更有优越性,因为热释光方法的测定对象是经过烧制的陶器,而陶器与遗址中的木头或木炭相比在年代上应更具代表性,由此也应更为准确。但由于热释光方法测年误差较大,较好的情况可达到±5%,因而相对来说它更适合用于陶器真伪的鉴定。

从年代测定精度上看,比碳十四测年精度更高的应属树轮年代法,它可以精确到每一年。但一方面目前国内树轮年代建立的范围较为有限,另一方面考古遗址中可获得的树轮样品也常常是有限的,因而限制了这一方法的应用。

碳十四测年方法目前可测精度为3‰左右,误差范围最小可达20年上下。但碳十四年代要经过碳十四—树轮年代校正曲线校正为日历年代后才能使用,而校正后的日历年误差往往较大,这使得对于测年精度要求较高的年代研究和历史时期的年代研究受到不同程度的影响。近十几年来,随着系列样品方法的研究与应用,有效地缩小了日历年误差,使碳十四测年方法获得了更为广阔的应用空间。

加速器质谱测年方法从国内角度看是碳十四测年近二十余年来发展的新手段,这一方法的突出特点是所用样品量小,仅为毫克级,不到传统方法用量的千分之一,这使得样品的可获得数量和可测率提高。目前北京大学和中科院地球环境研究所已经具备这样的设备,我们所近几年也有望建成可用于加速器质谱测年的样品制备系统,这将有力地推进我所的年代学研究。

张丽荣:碳十四测年对样品有什么特殊的要求?您在文章中提

到,不同的样品其年代代表性不同,能详细解释一下吗?

张雪莲: 如前所述,碳十四测年所用样品为含碳物质,如木头、木炭、动植物遗骸、贝壳、湖相沉积、纸张、纺织品等。采集的样品应为干燥状态,并独立包装。包装应采用具有一定刚性的容器,如塑料盒、金属盒等,以避免运输过程中样品因受挤压而破碎、混杂。内附的样品标签应采用带有封口的塑料袋单独封装,以与样品隔开。

所谓样品代表性是指样品能否真正代表遗存的年代。

首先,样品未必是遗存本身。即使是遗存本身,也要分析一下,看它是否一定能代表遗存的年代。如陶片本身所含的碳,如果是泥土中的碳,则不能代表制陶的年代。又如木头、木炭有心材和边材之分,若所取的样品为边材,则所测得的年代接近该树的砍伐年代;反之,若样品为心材,则测得的年代会较砍伐年代偏早。人的寿命一般为几十年,所以人骨测年,其偏离往往会小于木头或木炭(除年长者可能会稍偏老),而动物骨骼则会更好些。窖藏中的植物颗粒在其代表性方面就更具优势。这里也可以据其实例来进一步理解,如断代工程中我们测定的郑州电力学校出土的郑州商城二里岗上层一期的水井井圈木,该木保存完好,其外层年代为公元前 1400 年左右,表明该井的使用应不早于这一年代。

张丽荣: 自夏商周断代工程以来,"系列样品"的概念深入人心,但并不是所有考古学家都明了什么是"系列样品"及"系列样品"的意义,您能否谈谈对这个问题的看法。

张雪莲: 断代工程中通过系列样品的研究与应用,建立了夏商周碳十四考古年代框架,为三代年表的建立提供了依据。这一方法最早是在 20 世纪 60 年代提出的,80 年代高精度碳十四—树轮年代校正曲线的建立为这一方法的实施创造了条件。

参观美国盖蒂博物馆实验室

系列样品法是针对单一样品而言的,因为单一样品测年,校正到日历年代后往往误差较大。而通过系列样品的曲线拟合,可以有效减小日历年误差,所以系列样品法也称为系列样品曲线拟合法。

　　所谓高精度系列样品曲线拟合法,是指选取前后有序、互有间隔、在时间上连续、具有测年意义的系列含碳样品,在高精度测年的基础上,通过做数据的曲线拟合,使校正后的日历年误差缩小。研究结果表明,由于系列样品具有样品之间的相互关联性,可以有效缩小校正后的年代误差。如 Yasushi Kojo、Robert M. Ralin 和 Austin Long 对取自日本西部 Nara Prefecture, Sakurai-city 的 Makimuku Ishizuka Kofun(mounded tomb)古坟时期墓葬中的一块木样品进行了年代测定,最终得到的值为 AD320±5 年。我国学者仇士华先生等也用此方法对来自长白山火山灰中的样品进行过测年断代,所得到的结果为公元 1215±15 年,误差不超过 15 年。

　　系列样品据其形成条件可分为两类:一是标准的系列样品——树轮样品,因为树轮清晰可数,数据拟合后的日历年误差最小;二是以考古地层关系或考古学文化分期为依据的系列样品,虽然其条件较之树轮系列稍逊,但仍然对缩小误差十分有效。

　　对提供的系列样品进行高精度测年,然后对所得的数据做曲线拟合,才能最终得到日历年。所谓曲线拟合,是将由系列样品通过碳十四测定得到的数据所组成的小线段放到高精度碳十四—树轮年代校正曲线上进行匹配拟合,以寻找最佳位置,由此确定日历年范围。曲线拟合最早是用目测法来进行的,研究者通过眼睛的观察来确定碳十四测年得到的小线段在校正曲线上的位置,由此来确定年代范围。之后又发展了最小二乘方法,通过应用统计学上的最小二乘方法,使数据拟合的量化程度提高,进而提高了数据拟合的精确程度。

1995 年牛津研究人员研制了量化程度更高的贝叶斯统计数据拟合软件——OxCal,大大提高了数据拟合的精度,同时也保证了这项工作的方便和快捷。

综合起来,符合系列样品条件,可以做数据拟合的要素主要有三:一是可靠的考古学信息;二是较小的测年误差(在拟合可允许的范围内);三是高精度的碳十四—树轮年代校正曲线。

前已述及,断代工程中,通过系列样品方法的研究与应用,建立了夏商周碳十四考古年代框架。中华文明探源工程中,通过系列样品方法使二里头文化一期的年代相对更为具体、明确,并完成龙山晚期—新砦—二里头—二里岗考古学文化年代序列的建立。今后,随着考古学研究的深入,随着年代学研究要求的提高,高精度系列样品方法将发挥更大的作用。

张丽荣:国内的碳十四测年工作较之国外又有哪些不足呢? 在未来的发展上有何前景规划?

张雪莲:随着国际碳十四领域的不断发展,其研究呈现越来越活跃的态势。从目前来看,其年代学方面近几年的研究在以下三个方面比较显著。

一是围绕测年精度方面的工作,这反映了测年的基本功。主要包括样品前处理、样品制备、样品测量等方面的实验室质量控制,其目标是取得具有可靠性、精准程度较高的高质量的年代数据。这类工作比较典型地体现在持续进行的国际碳十四数据比对,2000 年进行了第四次国际比对,目前已完成了第五次,这有力地促进了国际碳十四测年的基础研究。

二是加速器质谱测年的发展和普及。前已述及,加速器质谱测年的计数方式与常规方法不同,不是计样品中 β 衰变的粒子数,而是

在美国斯坦福大学图书馆

计其中未衰变的碳十四粒子的个数,因而所用样品量大为减小,不到β衰变计数法的千分之一,由此使样品的可获得数量和可测率提高,促进了考古年代学、地学、环境学等研究的深入。尽管其设备价格比较昂贵,但加速器质谱测年的发展近年来一直呈上升趋势。据不完全统计,在21世纪初加速器质谱测年研究机构仅有二十几家,目前其数量已超过两倍。

三是系列样品方法的应用。随着考古学研究的深入和多学科研究的开展,学科研究之间的比较,相互之间的交叉定年,特别是历史时期的年代研究等等,都需要日历年精度的提高,所以系列样品方法的研究与应用越来越受到重视。著名考古学家伦福儒(Renfrew)也认为系列样品方法、贝叶斯统计以及加速器质谱测年是碳十四年代学上的重大进步,称之为碳十四年代学的一次革命。

国内碳十四年代学研究近年来在上述几方面的工作也比较突出,比较典型地体现在夏商周断代工程期间。第一,在测年精度研究方面,断代工程中的碳十四年代学研究首先就是围绕这一问题展开的。工程设置了三个专题,即常规碳十四测年研究及技术改造、加速器质谱测年研究及技术改造、骨质样品制样研究。通过这三项研究,常规方法测年精度达到3‰,加速器质谱方法精度好于5‰,为断代工程年代研究提供了保障,也使我国碳十四测年精度迈上了一个新台阶。第二,夏商周断代工程的年代学研究也促进了我国加速器质谱测年研究的发展。目前北京大学以及中科院地球环境研究所的加速器质谱测年在稳定性和测年精度上都达到国际先进水平,带动了国内加速器质谱测年工作的开展。第三,夏商周断代工程是系列样品方法在我国高精度测年研究中的一次重要实践。工程中通过这一方法的研究与应用,建立了夏商周碳十四考古年代框架,对最终三代年表的建立发挥了重要作用。

今后一个时期的工作主要还应该是两个方面的，一是技术层面的，即高精度测年研究，主要包括样品去污染、制样、测量、误差探讨等。目前的具体工作应该侧重于加速器质谱测年制样方面。二是配合考古学研究层面的，即通过系列样品方法的深入探讨，结合样品的考古学背景，使年代结果更为精准、可靠。系列样品方法在我国考古研究中的应用有着得天独厚的条件，首先，我国几千年的文明史绵延不断，历史资源丰富；其次，近一个世纪以来的考古学研究积累了丰富的资料，形成了较完善的考古学文化序列。所以，在未来的工作中，结合考古学背景的系列样品方法应用研究是一个重要方向。

通过夏商周断代工程和中华文明探源工程等，二里头及其后的年代序列相对比较明确，下一步的工作重点是其之前的年代的探讨。其中，陶寺遗址的年代是我们面临的一项具体任务，我们围绕陶寺遗址的发掘与研究已有几十年的积累，但结合较高精度测年的深入探讨还需要一个过程，希望通过接下来的工作，通过考古学与碳十四年代学两个学科的共同努力能获得实质性进展。

随着加速器质谱测年的应用和发展，碳十四年代学的潜力进一步得到发掘，相信在今后的研究中，碳十四测年在与之相关的如古环境、农业起源等学科研究中也将发挥较大的作用。

张丽荣：古人类食物结构的分析也是您研究的重要方向之一，如今该领域越来越受到考古界的关注。关于这个方向的研究最早有仇士华和蔡莲珍先生引进的碳十三，之后您又在该基础上进行了氮十五分析方法的研究，能具体介绍一下您当时研究的过程吗？

张雪莲：人骨稳定同位素碳十三（$\delta^{13}C$）、氮十五（$\delta^{15}N$）分析是古人类食物状况研究的一种分析方法，碳十三分析可以追溯其人群的主食状况,如是以 C_4 类植物的粟、黍为主,还是以 C_3 类植物的稻、麦为主;氮十五分析可以探讨其食肉程度,如食肉的多少、是否有鱼类、蛋白摄入状况等。两者结合可以使人们的食物状况得到较全面的反映,由此可以判断样品是取自一般农业区、牧区还是海河边,从而区分出不同的群体。这一分析目前已成为国际科技考古界的热点。20 世纪 80 年代,蔡莲珍、仇士华先生结合碳十四年代的校正建立了碳十三分析,分析了陶寺、仰韶等遗址人和动物的主食状况,在国内开辟了这项研究工作。

20 世纪末,我在考古研究所博士后流动站做博士后期间,"古人类食物状况分析"(其中包括氮十五分析方法的建立)是我的一项研究工作。这项工作得到考古研究所领导的支持,得到夏商周断代工程的资助,之后又获得博士后基金资助。

氮的惰性使氮十五分析难度较大,这也是国内迟迟没有开展这一研究的主要原因。十多年前,国内鲜见用于氮十五分析的专用设备,即便有,在资金很少的情况下耗资数百万购置这样一台仪器也不太现实,所以分析研究工作只能就我们碳十四实验室现有条件进行。当时是利用用于碳十四年代校正的做碳十三分析的元素分析仪,通过改造其真空系统、建立配套设施进行这项研究。由于设备相对简陋,而收集氮气的条件又相当苛刻,所以从设备硬件的改造、配套设施的建立,到各项实验条件的设置等都经过了多方探索、反复实验。几经周折,历经多次失败,最终利用元素分析仪完成了氮十五分析方法的建立,这在国内尚属首次。

实验工作得到了实验室各位先生的帮助,特别是仇士华先生等前辈,为此项研究提出了许多指导性意见。所以,我们每一步工作进展,取得的每一点成绩都得益于我们的实验室,得益于前辈的指教。

2001年正值夏商周断代工程接近尾声,断代工程期间我们结合年代校正做了大量碳十三分析工作,此时又完成了氮十五分析方法的建立,两种分析相结合使许多考古遗址的人类食物状况得到揭示,特别是许多年代久远的史前遗址,比如八千年前的兴隆洼遗址、七千多年前的河姆渡遗址,以及一些根据目前的考古学研究其食物状况还难以推论的遗址,如青海、新疆、甘肃等地青铜时代的考古遗址等等。这些遗址人类食物状况的研究,为人类食物生产、食物获取等的探讨,为考古学研究的深入提供了依据。这些工作的开展,也使国内关于食性分析的工作得到推进。

目前国内许多研究单位也已开展这项研究,并取得了许多令人瞩目的成果,如北京大学、中国科技大学、中科院研究生院、吉林大学、西北大学等等。

张丽荣: 您近年来承担了科技部中华文明探源研究课题中的碳十四测年任务及古人类食物结构研究的子课题任务。碳十四测年的重要性已经被大家熟知,在这里请您谈谈以碳十三和氮十五为主的食性分析在文明探源中发挥的作用。

张雪莲: 中华文明首先体现于文明的创造和承载者本身——人的生产和生活,体现在人类社会生活的方方面面。而食物是人类生存的第一需求,是最基本,同时又是最重要的生存元素。因而,人类吃什么,我们的祖先以什么为生,其发展演变状况是怎样的,每一个阶段的主要特征,等等,自然也就成为中华文明研究中不可或缺的、重要的方面。

通过食物,我们还可以了解人类生存发展的许多方面。如食物的来源,从最初的采集、渔猎,到后来的种植、驯化、饲养,甚至交换、贸易、传播等等,是人类生存模式及农业起源研究必须关注的。食物

在德国基尔大学实验室

的生存环境,为当时人类的生存环境提供了参照,因而,食物的改变也有可能标志着环境的变迁。食物的获取方式、获取手段,显示了当时的生产能力,是社会生产力水平的标志,进而引申出社会生产的组织形式、生产规模、技术手段等等。食物的分配方式,体现了权力、阶层,以及在此基础之上的社会组织、社会结构等等。所以,古人类食物状况的研究目前已受到学界的高度关注,也成为国际人类学、考古学的热点。

另外,从其研究方法上来说,对于史前人类的食物状况,传统研究方法仅是通过遗迹、遗存进行推论,如通过出土的生产工具、各种器物以及动植物遗存等等,推断其主食及肉食状况。而人骨稳定同位素分析可以获取来自人类本身关于食物的直接信息,同传统方法相结合,可以使所得结果更为明确、具体,成为以往研究的补充。也正是由于这一方法的特点或优势,它在中华文明探源工程中发挥了作用,并受到了重视。

张丽荣:关于古代人类和动物的食性分析目前取得了哪些重要的进展?除了碳十三和氮十五外,还有什么前沿性的研究方法?

张雪莲:近年来,通过中华文明探源工程,以及国家文物局资助的课题研究项目等,古人类食性研究在不同层面上获得进展。

首先,通过主食状况分析,中国早期农业的发展,即黄河流域、中原一带以粟、黍为主,长江流域以稻作为主,淮河流域为粟稻混交地带这一由几十年考古学研究所得出的结论得到印证。如,中原的二里头遗址、偃师商城遗址、伊川南寨遗址、殷墟,山西临汾的陶寺遗址、山东聊城的教场铺遗址等等,人们主食中的 C_4 类植物接近 90%,甚至更高。遗址植物遗存显示,C_4 类植物主要为粟、黍。浙江余姚的河姆渡遗址、上海青浦的崧泽文化遗址等的 C_3 类植物占 80% 以上。

遗址植物遗存显示,C₃类植物主要为稻类。而青龙泉遗址 C_4、C_3 类植物之间的比例不像前两者那样有较大的差距。

第二,随着所分析遗址数量的不断增多,各区域主要考古学文化遗址的人类食物状况特征逐渐清晰。所涉及的区域除上述黄淮河流域、长江流域外,还有甘肃、青海、新疆、内蒙古等等。其中不乏考古界比较关注,或仍有争议的遗址,如新疆流水墓地、青海喇家遗址、甘肃火烧沟遗址等。以青铜时代的火烧沟遗址为例,有些学者认为该遗址属于定居农业类型,而另一些学者则认为其以牧业为主,讨论比较热烈。通过稳定同位素分析发现,所分析的人骨中氮十五比值普遍比较高,显示其肉食程度较高,由此表明该遗址牧业所占比重较大。同时,结合人骨的考古学文化背景,古人类食性研究使一般农业区、牧区、海边等不同遗址类型得到区分。

第三,结合墓葬结构类型、随葬品状况等的分析,至少在仰韶文化中期前后分层社会已经出现,不仅表现在墓葬结构、规模,随葬品多寡等方面,而且在其营养级上也有体现。如西坡遗址,其中规模较大、随葬品较多的几座大墓,其墓主人的肉食程度明显高于中小型墓葬,两者形成鲜明对照。在商代盛行的殉人葬俗中,殉人与墓主人之间的等级差别也可以通过食物上的差别得到反映。

第四,结合人骨食性分析的动物骨分析显示,家养动物与同一区域中的人的食性具有相关性。如陶寺遗址、二里头遗址等,人的食物中 C_4 类植物占到 90% 左右,而所饲养的猪,其食物中 C_4 类植物的比例也相当高,但鹿等其他野生动物的主食状况则明显不同,这一结论在以 C_4 类植物为主要农作物的区域中的多处遗址得到印证。同时,结合人骨食性分析的动物骨分析结果也为动物饲养方式的研究提供了依据,如中原一带一般猪、狗的食物中 C_4 类植物比例较高,其次是牛,而羊的食物中 C$_4$ 类植物的比例相对低得多,表明羊较之牛放养的程度可能更大些。而对于一些在形态学上还难以分辨是否已被驯化的动物,可将食物的分析作为其判断的指标。食性分析为动物考古研究提供了依据,发挥了较大的作用。

总之,食性分析为文明形成及演进过程中的社会复杂化研究拓展了研究途径。

关于食性分析的其他方法目前应用较多的主要还有锶同位素分析,钙、锶、钡等元素的微量元素分析等,我在最初的研究文章中作过介绍。

人们的饮用水以及食物中有一定的锶同位素的分布,而这一分布的特征与当地的地质特征相一致。由于饮用水和食物链的作用,长时期生活在一个地区的人们,其体内的锶同位素比值具备相应的一致性,因而通过人骨、牙齿中锶同位素的分析,可以追溯其迁徙地,由此也可以探讨其食物状况。

钙、锶、钡等元素的微量元素分析,主要依据 Sr/Ca 和 Ba/Ca 的比值特征分析其食物状况。简单来说,不同植物、食物链上不同等级的动物,其体内 Sr/Ca 和 Ba/Ca 的比值不同,当不同种类的动植物进入人体,人体组织就会有相对应的 Sr/Ca 和 Ba/Ca 的比值,通过人类骨骼、牙齿中这些元素比值的分析,可以推断其食物状况。当然这也要结合具体地区、结合遗存背景进行具体分析,以排除有可能的干扰因素。

上述方法在国内也已有应用。在未来的研究中,通过这些不同方法的相互补充、相互印证,可以使我们的研究进一步走向深入。

张丽荣:无论是碳十四测年还是以碳十三、氮十五为代表的食性分析,得出的都是一系列的实验数据,请您谈谈如何把这些实验数据和考古学研究的实践结合起来。

张雪莲：考古研究所碳十四实验室一直把为考古学服务视为其宗旨，这是从仇士华先生、蔡莲珍先生建立实验室时起就一直倡导的，也是在实验室几十年来的工作和研究中贯穿始终，并得到充分体现的。要做到这一点，就要时刻关注考古学，注意学习和了解考古研究动态，围绕考古研究的需要去思考问题。如果朝着这个方向去努力，当我们面对那些数据时，就不再会仅仅把它们看作一个个简简单单的数值。站在这个背景下去对它们进行解读，我们就会多些了解、多些认识。

我们做的年代工作是考古年代学，所以必须结合考古学才有实际意义；古人类食性分析也必须以考古遗存及相关环境为背景。所以，我们的分析研究离不开考古学的发现与研究。

张丽荣：从事科研工作的过程是枯燥和乏味的，您能进行这么多年的研究一定是享受其中的，有没有什么体会和感受可以和大家分享的？

张雪莲：首先，学习本身就是一种快乐，更何况还有我所敬重的先生的指教。博士、博士后期间我跟随仇士华、蔡莲珍先生进行夏商周断代工程的碳十四年代研究工作，在这个过程中得到博士后导师、断代工程专家组成员、商周考古学家张长寿先生，断代工程专家组成员、商周考古学家殷玮璋先生等在考古方面的指导。此后，在配合所里各遗址做年代分析的工作中，也从各位学者身上学到许多宝贵的东西。实验室各位老师的勤奋、钻研，以及高度的责任感，也给我留下了深刻的印象。在考古研究所工作的这些年，我在丰富自己专业知识的同时，也感受到在夏鼐先生等老一代学者影响下所形成的求真务实、科学严谨的学风。在这样一块沃土中，我在多方面得到了滋养。

对研究工作中遇到的问题进行探究,通过各种方法、各种手段去寻得解答,这个过程很具吸引力,会使人感到欣喜、振奋,有时甚至还有神往。

工作中每个阶段上小小的成功,都是对自己的奖励。所里的各位先生、考古研究所的领导,乃至社科院的领导都给予了我许多关心、帮助和支持,所以,虽然困难常常难免,但快乐也时时相伴,给我带来许多鼓励、许多宽慰。

张丽荣:谢谢张老师给我们介绍学科发展,也再次感谢您接受中国考古网的采访。

(原文于 2011 年 6 月 15 日发表于中国考古网,经作者修订。)